메이크코드 &
마인크래프트
에듀케이션 에디션

에이전트 편

나상호·백순훈·신윤철·이상민·최성권 지음

01 마인크래프트 에듀케이션 에디션 시작하기 5

- 01 | 사용 환경 만들기 6
- 02 | 코드 커넥션 알아보기 16

02 M:EE 사용 방법 익히기 23

- 01 | 사용 방법 마스터하기 PART. 1 24
- 02 | 사용 방법 마스터하기 PART. 2 37

03 에이전트 기본 사용법 53

01 | 에이전트 이동시키기 54
- **STEP 1** '코드 빌더 튜토리얼' 미션 1, 2 - 에이전트 이동시키기 54
- **STEP 2** 미션 3 - 에이전트 공중 부양시키기 59
- **프로젝트 업그레이드** 미션 4 - 에이전트 탈출시키기 60
- **스스로 해결하기** 에이전트와 전망대 올라가기 61

02 | 에이전트와 광물 캐기 62
- **STEP 1** 미션 5 - 에이전트로 채굴하기 62
- **STEP 2** 미션 5 - 특정한 아이템을 수집하거나 버리기 67
- **프로젝트 업그레이드** 필요한 블록이나 아이템만 골라서 캐기 71
- **스스로 해결하기** 철광석 탐지 로봇 만들기 74

03 | 에이전트와 농사 짓기 75
- **STEP 1** 미션 6 - 에이전트로 밭 경작하기 75
- **STEP 2** 미션 6 - 에이전트로 씨 뿌리기 80
- **프로젝트 업그레이드** 에이전트로 메마른 땅 개간하기 82
- **스스로 해결하기** 가로수 심기 86

04 | 에이전트와 집짓기 · 87

- **STEP 1** 미션 7 - 건축 재료 모으기 · 87
- **STEP 2** 미션 8 - 은신처 만들기 · 91
- **프로젝트 업그레이드** 미션 9 - 나만의 집짓기(자유 놀이) · 96
- **스스로 해결하기** 성벽 세우기 · 98

04 에이전트 응용 사용법 99

01 | 에이전트와 미로 탈출하기 · 100

- **STEP 1** 미로를 만들고 탈출하는 법 알아보기 · 101
- **STEP 2** 오른손 법칙으로 미로 탈출하기 · 104
- **프로젝트 업그레이드** 왼손 법칙으로 미로 탈출하기 · 107
- **스스로 해결하기** 발자취 남기기 · 108

02 | 에이전트와 농장 가꾸기 · 109

- **STEP 1** 호박 수확하기 · 110
- **STEP 2** 사탕수수 수확하기 · 115
- **프로젝트 업그레이드** 여러 작물을 한꺼번에 수확하기 · 116
- **스스로 해결하기** 수확한 작물 저장하기 · 119

05 메이크코드&마인크래프트 프로젝트! 121

01 | 서바이벌 모드에서 살아남기 · 122

- **STEP 1** 에이전트에게 채굴시키기 · 122
- **STEP 2** 광물 탐지기 만들기 · 126
- **프로젝트 업그레이드** 탐지기 발전시키기 · 129
- **스스로 해결하기** 광물이 탐지된 곳으로 이동하기 · 131

02 | 미니 게임 만들기 · 132

- **STEP 1** 보물찾기 게임 · 132
- **STEP 2** 늑대 사냥 게임 · 138
- **프로젝트 업그레이드** 늑대 사냥 게임 업그레이드하기 · 143
- **스스로 해결하기** 서바이벌 보물찾기 · 146

부록 | 스스로 해결하기 해답 · 147

저자 소개

STEVE CODING
나상호, 백순훈, 신윤철, 이상민, 최성권

'스티브코딩'은 게임 활용 교육을 연구하는 현직 교사들의 모임입니다.
2016년 8월에 발족되어, 현재 전국에서 11명의 교사들이 참여하고 있습니다.

게임 활용 교육에 대한 다양한 아이디어와 수업 방법에 대해 끊임없이 고민하고 있으며,
온라인 채널과 다양한 교사 연수를 통해
연구 성과를 꾸준히 공유하며 소통하고 있습니다.

f www.facebook.com/stvcoding
▶ www.youtube.com/스티브코딩에듀크리에이터

01

마인크래프트 에듀케이션 에디션 시작하기

사용 환경 만들기

💡 오늘의 프로젝트
마인크래프트 에듀케이션 에디션 준비하기

혹시 마인크래프트에 대해 들어본 적 있나요? 많은 친구들이 마인크래프트에 대해 들어본 적이 있거나 직접 해본 적이 있을 겁니다. 이제까지 게임으로 마인크래프트를 즐겼다면, 이제부터는 **마인크래프트 에듀케이션 에디션**(Minecraft: Education Edition; M:EE)으로 즐겁게 코딩 학습까지 할 수 있습니다. 마인크래프트 에듀케이션 에디션은 교육 목적으로 배포되는 마인크래프트입니다. 지금부터 마인크래프트 에듀케이션 에디션으로 코딩을 배우기 위한 준비 과정을 살펴보겠습니다.

한 가지 더, 이제부터는 마인크래프트 에듀케이션 에디션을 M:EE로 줄여 부르도록 하겠습니다.

STEP 1 | Windows 10 확인하기

M:EE를 설치하고 실행하기 위해서는 Windows 10이라는 운영체제가 필요합니다. 지금 사용하고 있는 운영체제가 Windows 8, Windows 7 등 이전 버전의 Windows라면 M:EE를 설치할 수 없습니다. 먼저 사용 중인 컴퓨터의 운영체제를 확인해 주세요.

▲ Windows 10 로고

STEP 2 마인크래프트 에듀케이션 에디션 설치하기

M:EE를 플레이하기 위해서는 공식 홈페이지(http://education.minecraft.net)에서 설치파일을 다운로드 받아야 합니다. 해당 홈페이지의 [SUPPORT > DOWNLOAD] 메뉴를 선택하면 설치파일 다운로드 페이지가 나타납니다.

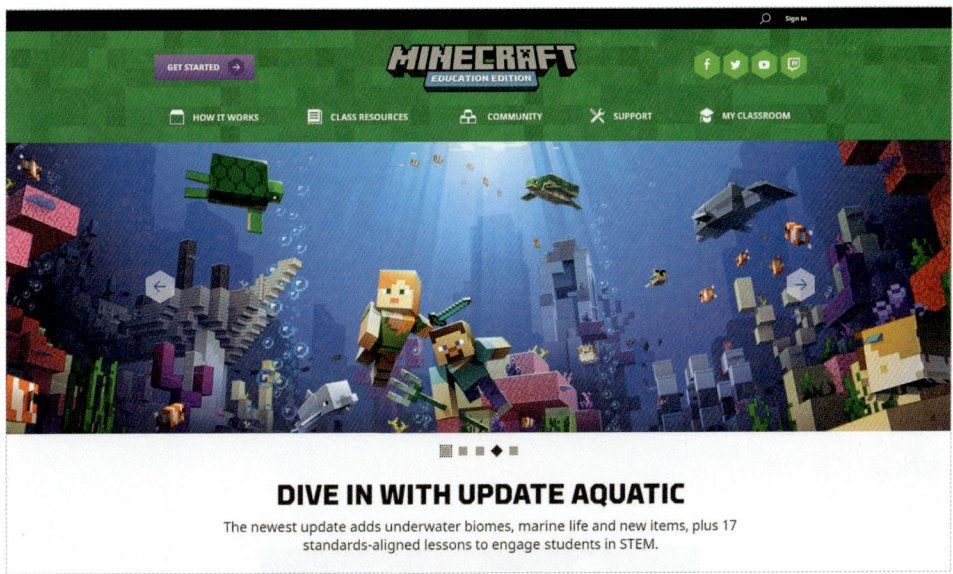

▲ M:EE 홈페이지

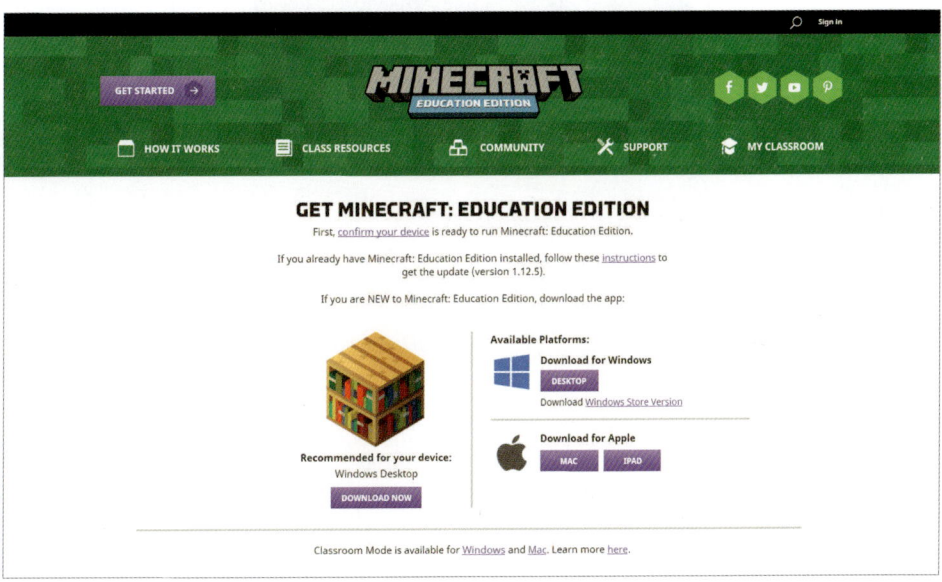

▲ M:EE 다운로드 페이지

다운로드 받은 설치파일은 압축파일입니다. 압축파일을 풀어준 후 해당 폴더에 들어가면 설치 아이콘(.bat)이 나타납니다. 파일을 마우스 오른쪽 버튼으로 클릭하여 '관리자 권한으로 실행'을 선택합니다.

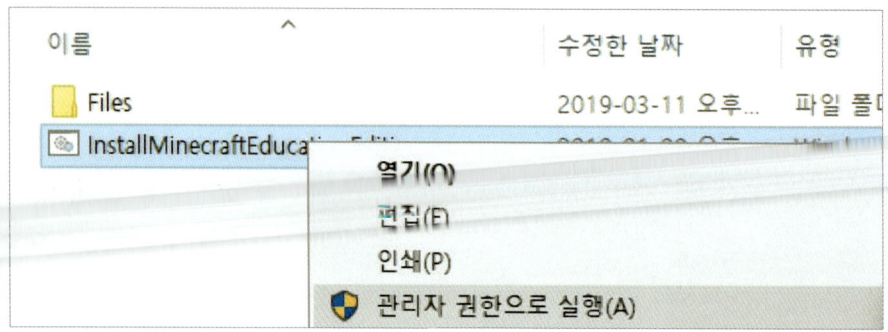

▲ 설치파일을 '관리자 권한으로 실행'하기

설치가 끝났다면 이제 M:EE를 실행해 봅시다. 마인크래프트(Minecraft)가 이미 설치되어 있다고 하더라도 여러분이 앞으로 사용할 M:EE는 전혀 다른 프로그램입니다. 메뉴에서 꼭 Minecraft: Education Edition을 선택해 실행해 봅시다.

▲ M:EE 실행

01 사용 환경 만들기

STEP 3 마인크래프트 에듀케이션 에디션 접속하기

1. 첫 번째 방법

방과후수업을 듣는 학생들은 먼저 선생님께 문의합니다. 선생님께서 계정을 알려주시면 잘 메모해 둡니다. 메모한 아이디와 비밀번호를 입력하여 <로그인> 버튼을 클릭합니다.

▲ M:EE 로그인 화면

2. 두 번째 방법

M:EE에 접속하기 위해서는 마이크로소프트의 **Office 365** 계정이 필요합니다. 선생님이나 학생들은 **교육용 Office 365**를 무료로 사용할 수 있습니다. 교육용 Office 365에 관한 안내와 다운로드는 마이크로소프트의 교육 페이지(https://www.microsoft.com/ko-kr/education)의 [교육 > 구입방법] 메뉴에서 확인하실 수 있습니다.

M:EE 시작화면에 **Office 365 계정**과 **비밀번호**를 입력한 후, **<로그인>** 버튼을 클릭하면 됩니다.

1. 마인크래프트 에듀케이션 에디션 시작하기

STEP 4 메인화면 인터페이스 살펴보기

시작화면에는 마인크래프트 로고를 변형한 로고 이미지와 몇 개의 버튼들, 그리고 나의 캐릭터가 표시됩니다.

▲ M:EE 시작 화면

 오른쪽 아래에 있는 옷걸이 모양의 **<스킨 설정>** 버튼을 클릭하면 '스킨 선택' 창이 나타납니다. 이 곳에서 플레이어 스킨을 설정할 수 있습니다. M:EE에서는 100가지 이상의 플레이어 스킨을 선택할 수 있으며, 선택한 스킨은 다음 로그인에서도 적용이 유지됩니다. 또한 원할 때마다 자유롭게 변경이 가능합니다.

▲ 스킨 선택 화면

10

| 설정 | 화면 가운데 위치한 **<설정>** 버튼을 클릭하면 '설정' 창이 나타납니다. 컨트롤(키보드 및 마우스, 컨트롤러, 터치패드)에 대한 설정과 비디오, 오디오, 언어, 리소스 팩에 대한 세부적인 설정이 가능합니다.

<게임 방법> 버튼을 클릭하면 M:EE의 업데이트 정보, 기본적인 조작방법에 대한 자세한 설명을 볼 수 있습니다. M:EE 플레이에 필요한 많은 정보가 담겨있으니 꼭 읽어 봅시다.

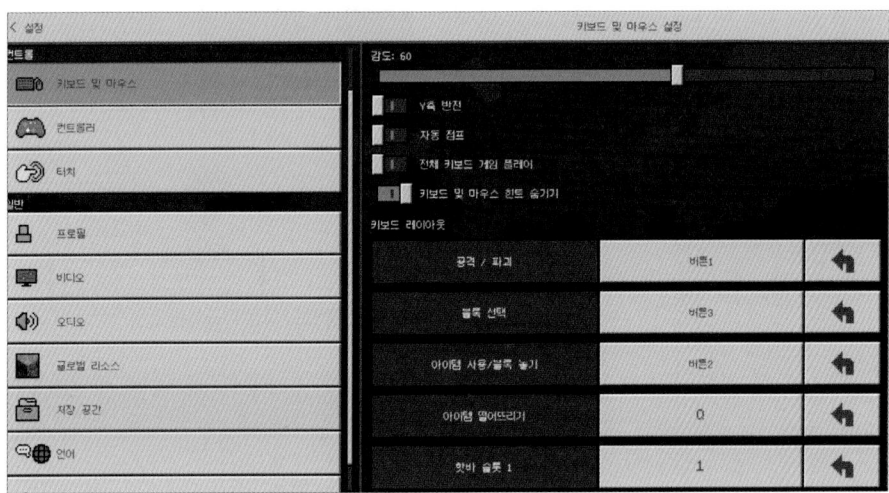

▲ 환경 설정 화면

| 플레이 | 화면 가운데 위치한 **<플레이>** 버튼을 클릭하면 M:EE를 플레이할 수 있습니다.

:부록: 선생님들을 위한 클래스룸 모드!

클래스룸 모드란 M:EE를 이용한 교육 활동을 할 때 수업이 원활하게 진행될 수 있도록 도움을 주는 프로그램입니다. 이 프로그램을 이용하면 선생님과 수업을 하거나 친구들과 같이 코딩을 배우며 학습 및 M:EE 플레이를 할 수 있습니다.

클래스룸 모드는 M:EE와는 다른 프로그램으로 별도 설치가 필요합니다. 공식 홈페이지(https://education.minecraft.net)에서 다운로드 받을 수 있습니다.

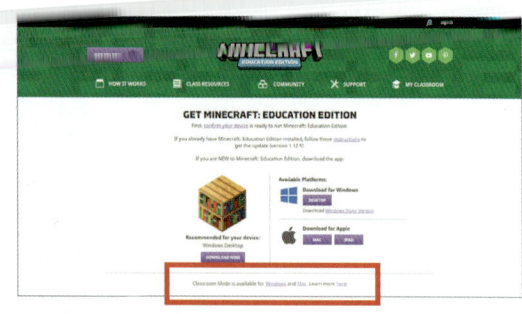
▲ 클래스룸 모드 다운로드 화면

클래스룸 모드를 실행하면 M:EE 실행화면과 동일한 화면이 나타납니다.

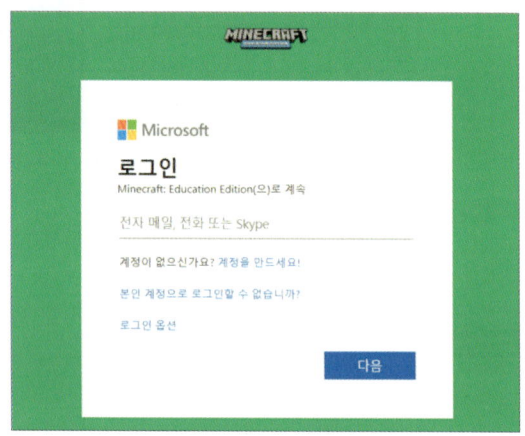
▲ 클래스룸 모드 로그인 화면

클래스룸 모드에 접속할 때도 M:EE와 동일한 계정을 이용합니다. 계정 정보를 입력하고 〈로그인〉 버튼을 클릭하면 'Classroom Mode' 창이 나타납니다. M:EE 채팅 창에 연결 명령어를 입력하면 M:EE와 클래스룸 모드가 연동됩니다.

▲ 클래스룸 모드 연동을 위한 연결 명령어 화면

클래스룸 모드와 M:EE가 연동되면 월드에 접속한 플레이어를 확인할 수도 있고, 채팅 내용을 확인할 수도 있습니다.

'플레이어 명단' 영역에는 접속한 모든 플레이어가 표시됩니다. 단순히 플레이어 이름만 표시되는 것이 아니라 여러 가지 숨은 기능이 있습니다. 플레이어 명단에 있는 이름을 드래그하여 왼쪽 미니맵에 끌어다 놓으면 원하는 위치로 해당 플레이어를 이동할 수 있습니다.

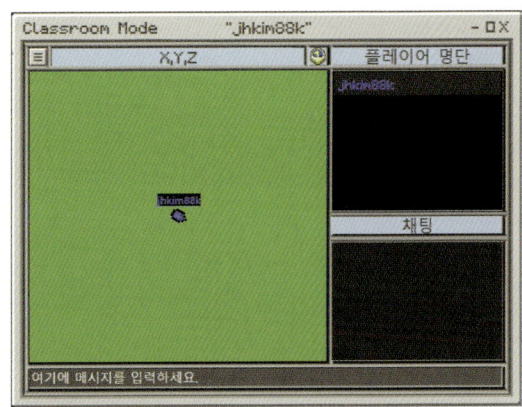
▲ 클래스룸 모드 실행 화면

'채팅' 영역에서는 월드에서 이루어지는 채팅을 실시간으로 확인할 수 있고, 직접 메시지를 입력할 수도 있습니다. M:EE 채팅 창에 메시지를 입력하면 플레이어 이름으로 입력한 메시지가 표시되지만, 클래스룸 모드 채팅 영역에서 메시지를 입력하면 '교사'라는 이름으로 메시지가 표시됩니다.

미니맵 왼쪽 위에 있는 <설정> 버튼을 클릭하면 월드를 제어할 수 있는 옵션이 나타납니다. 현재는 8가지 옵션으로 M:EE의 월드를 관리할 수 있습니다. M:EE와 클래스룸 모드가 업데이트되면서 설정 옵션도 다양해지고 있습니다.

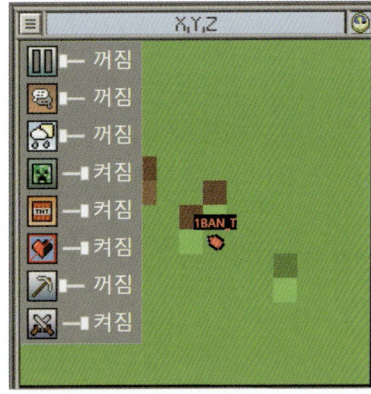
▲ <설정> 버튼과 월드 제어 기능

'설정' 메뉴를 통해 관리할 수 있는 8가지 옵션은 다음과 같습니다.

- 모든 플레이어의 게임을 일시 중지합니다.
- 플레이어 채팅을 모두 비활성화합니다.
- 항상 맑은 날씨를 만들어줍니다.
- 몹의 등장 여부를 설정합니다.
- 다른 블록을 파괴할 수 있는 아이템의 허용 여부를 설정합니다.
- 플레이어 대미지 여부를 설정합니다.
- 만들어진 월드의 블록 수정을 금지합니다.
- 플레이어 간의 대결(PvP)을 금지합니다.

'클래스룸 모드'에서 제공되는 다양한 관리 기능을 사용하면 선생님과 학생들이 원하는 환경으로 M:EE 수업을 진행할 수 있습니다.

STEP 2 | 코드 커넥션 연동하기

1. 첫 번째 방법

M:EE를 실행한 상태에서 키보드 'C'(한글 자판은 'ㅊ')를 눌러줍니다. 그러면 코드 작성기 프로그램이 실행되고 두 개의 선택 항목이 나타납니다. 첫 번째 선택 항목을 클릭하여 메이크코드를 실행합니다. 두 번째 항목은 코드를 파일로 저장할 수 없으니 조금 번거롭더라도 첫 번째 항목으로 사용하시기를 권장합니다.

▲ 내장된 코드 작성기 실행하기

2. 두 번째 방법

먼저 M:EE를 실행한 후, 월드를 만들어 줍니다. 그 다음, 코드 커넥션을 실행하면 'Code Connection' 창이 나타납니다. M:EE와 연동을 위해서 창 오른쪽 문서 모양의 **<복사하기>** 버튼을 클릭해 연결 명령어를 클립보드에 복사합니다.

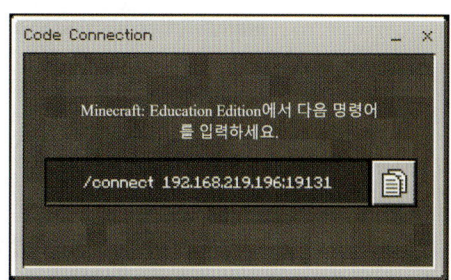
▲ 연결 명령어 복사하기

M:EE 화면으로 돌아와 채팅창에 **<Ctrl + V>** 단축키로 클립보드에 있는 연결 명령어를 붙여넣기 해줍니다. 코드 커넥션과 연결되면 **에이전트**(Agent)가 소환되는 것을 확인할 수 있습니다.

▲ 에이전트 소환

'Code Connection' 창에서 원하는 편집기를 선택할 수 있습니다. 우리는 메이크코드를 선택해서 학습을 하겠습니다.

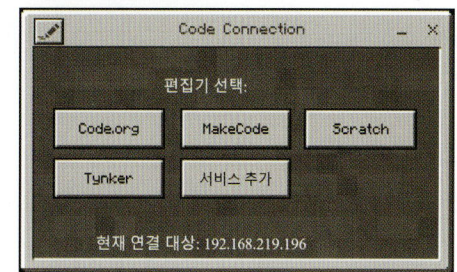
▲ 코드 커넥션의 편집기 선택 화면

STEP 3 ㅣ 메이크코드 인터페이스 알아보기

'Code Connection' 창에서 메이크코드를 선택하면 메이크코드(MakeCode) 창이 나타납니다. 메이크코드는 마이크로소프트에서 개발한 컴퓨터 과학 학습용 플랫폼으로, 재미있게 프로젝트를 수행하고 결과를 바로 확인해 볼 수 있습니다. 또한 블록 코딩과 자바스크립트(JAVA Script) 코딩이 변환되는 편집기로, 효과적인 코딩 학습이 가능합니다.

이제 본격적으로 메이크코드를 살펴볼까요?

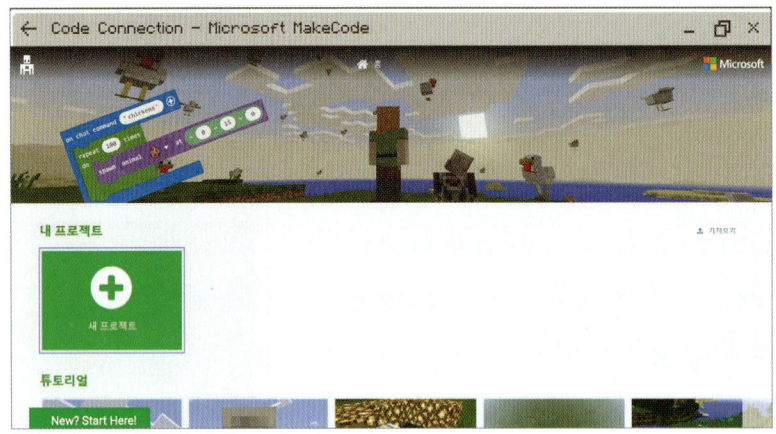

▲ 메이크코드 시작 화면

'내 프로젝트' 영역에는 여러분들이 직접 작성한 코드가 프로젝트로 저장되어 표시됩니다. **[새 프로젝트]**를 클릭하면 비어 있는 편집기가 나타납니다. 예전에 작성한 코드들은 새 프로젝트의 오른쪽에 표시됩니다. 해당 프로젝트를 클릭하면 여러분들이 작성해 놓은 프로젝트를 다시 불러올 수 있습니다. 프로젝트는 언제든 다시 불러와 수정하고 저장해둘 수 있습니다.

[새 프로젝트]를 클릭해 비어 있는 편집기를 불러옵니다. 이제부터 메이크코드 편집기의 다양한 기능을 살펴보겠습니다.

02 코드 커넥션 알아보기

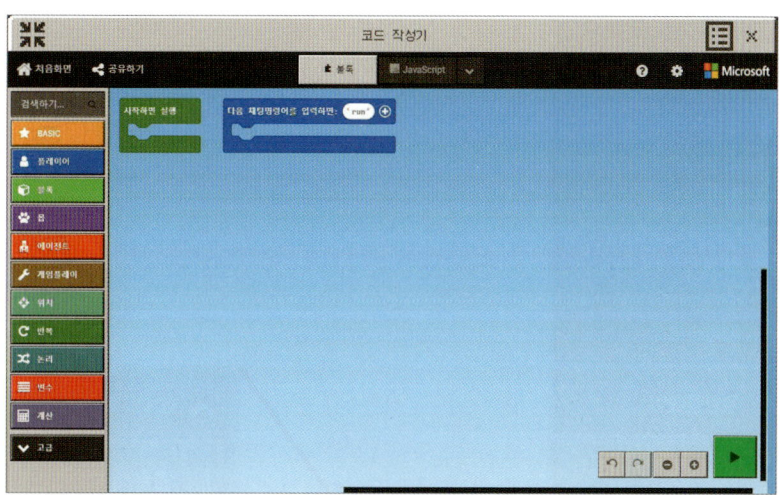

▲ 메이크코드 편집기

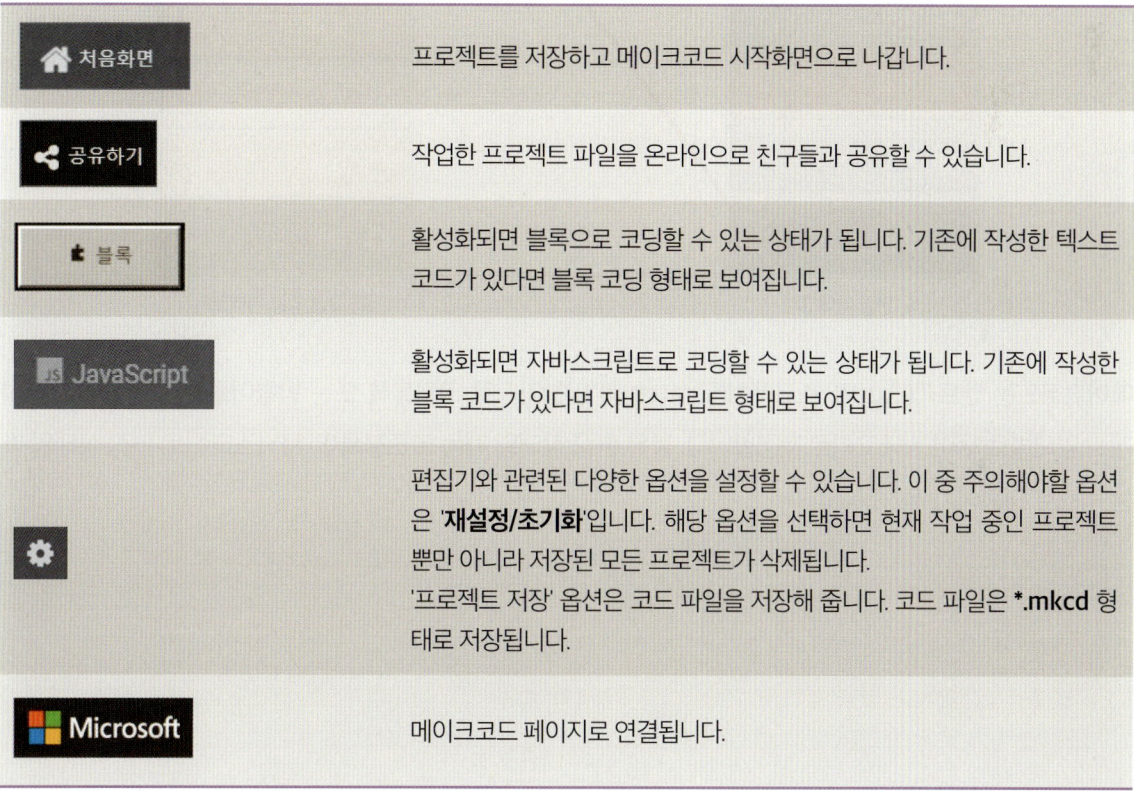

처음화면	프로젝트를 저장하고 메이크코드 시작화면으로 나갑니다.
공유하기	작업한 프로젝트 파일을 온라인으로 친구들과 공유할 수 있습니다.
블록	활성화되면 블록으로 코딩할 수 있는 상태가 됩니다. 기존에 작성한 텍스트 코드가 있다면 블록 코딩 형태로 보여집니다.
JavaScript	활성화되면 자바스크립트로 코딩할 수 있는 상태가 됩니다. 기존에 작성한 블록 코드가 있다면 자바스크립트 형태로 보여집니다.
⚙	편집기와 관련된 다양한 옵션을 설정할 수 있습니다. 이 중 주의해야할 옵션은 '**재설정/초기화**'입니다. 해당 옵션을 선택하면 현재 작업 중인 프로젝트 뿐만 아니라 저장된 모든 프로젝트가 삭제됩니다. '프로젝트 저장' 옵션은 코드 파일을 저장해 줍니다. 코드 파일은 ***.mkcd** 형태로 저장됩니다.
Microsoft	메이크코드 페이지로 연결됩니다.

▲ 명령 카테고리　　　　　　　　▲ 고급 명령 카테고리

메이크코드는 엔트리(Entry), 스크래치(Scratch)와 마찬가지로 코드블록 또는 명령어들을 사용하기 편리하게 쓰임새별로 묶어 카테고리로 제공합니다. 블록 편집 상태일 때는 코드블록이, 자바스크립트 편집 상태일 때는 텍스트 명령어가 제공됩니다.

코드블록 기능이 궁금하다면?

코드블록의 쓰임새가 궁금하면 코드블록 위에 마우스 커서를 가져다 놓고 잠시만 기다려주세요. 코드블록의 설명이 표시됩니다.

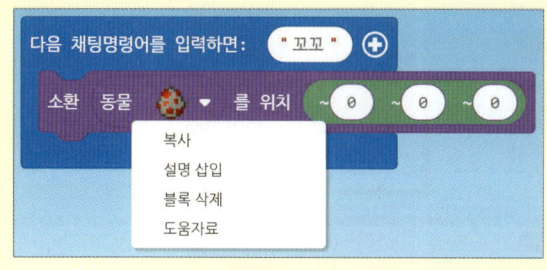

더 자세한 설명이 보고 싶다면 코드블록을 마우스 오른쪽 버튼으로 클릭해서 단축메뉴를 꺼냅니다. 단축메뉴 중에서 [도움자료] 메뉴를 선택하면 자세한 도움말을 확인할 수 있습니다.

튜토리얼 활용하기

메이크코드 시작화면의 '내 프로젝트' 영역 아래에는 '튜토리얼' 영역이 있습니다. 튜토리얼은 기본적인 코드 사용법을 알 수 있도록 도와주는 역할을 합니다. 코딩한 결과를 실행해보기까지의 과정을 차례차례 힌트를 주며 도와줍니다. 튜토리얼을 하나씩 완료하면서 메이크코드를 더 깊게 이해해 봅시다.

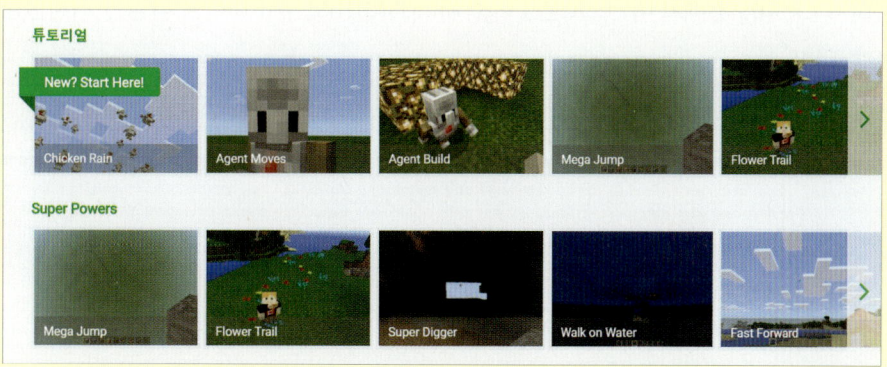

▲ 메이크코드 튜토리얼

메이크코드만으로 코딩 공부하기

M:EE를 실행하지 않고도 메이크코드 공식페이지(https://makecode.com)에 접속해 메이크코드 편집기를 사용할 수 있습니다. M:EE가 설치되지 않은 컴퓨터나 스마트폰으로도 언제, 어디서나 메이크코드 프로젝트를 작성할 수 있습니다.

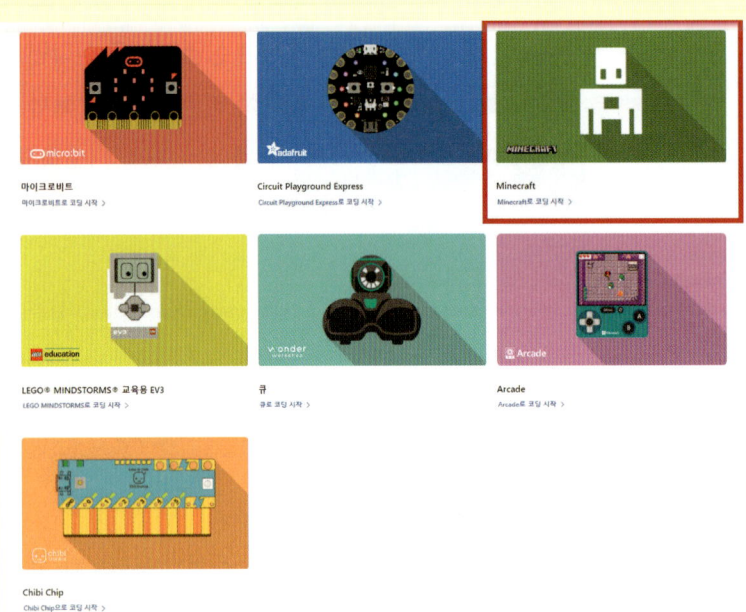

메이크코드는 M:EE 외에도 마이크로비트(micro:bit), 서킷 플레이그라운드 익스프레스(Circuit Playground Express), 레고 마인드스톰(Lego Mindstorms), 큐(Cue) 등 다양한 피지컬컴퓨팅 교구를 지원합니다.

02

마인크래프트 에듀케이션 에디션 사용 방법 익히기

사용 방법 마스터하기 PART. 1

> 💡 **오늘의 프로젝트**
>
> ## 마인크래프트 에듀케이션 에디션, 기본 개념 익히기

지난 챕터에서는 M:EE와 코드 커넥터, 클래스룸 모드 등을 설치하고 사용환경을 만드는 방법을 살펴보았습니다. 이제부터 월드를 만들어 플레이어를 움직이고, 아이템과 치트키를 사용하는 방법까지 재미있는 내용이 가득한 M:EE 세계로 떠나볼까요?

STEP 1 월드 만들기

M:EE 시작화면에서 <플레이> 버튼을 클릭하면 월드를 직접 만들거나, 다른 친구가 만든 월드를 플레이할 수도 있습니다.

▲ 월드 만들기 또는 참여하기

마인크래프트 월드는 어떻게 생성할 수 있는지 살펴봅시다.

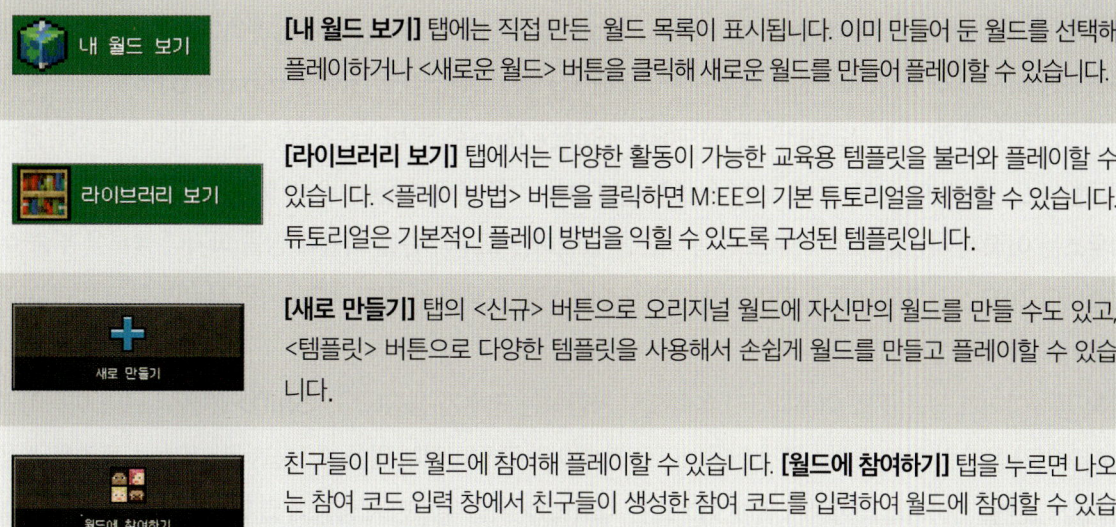

[내 월드 보기] 탭에는 직접 만든 월드 목록이 표시됩니다. 이미 만들어 둔 월드를 선택해 플레이하거나 <새로운 월드> 버튼을 클릭해 새로운 월드를 만들어 플레이할 수 있습니다.

[라이브러리 보기] 탭에서는 다양한 활동이 가능한 교육용 템플릿을 불러와 플레이할 수 있습니다. <플레이 방법> 버튼을 클릭하면 M:EE의 기본 튜토리얼을 체험할 수 있습니다. 튜토리얼은 기본적인 플레이 방법을 익힐 수 있도록 구성된 템플릿입니다.

[새로 만들기] 탭의 <신규> 버튼으로 오리지널 월드에 자신만의 월드를 만들 수도 있고, <템플릿> 버튼으로 다양한 템플릿을 사용해서 손쉽게 월드를 만들고 플레이할 수 있습니다.

친구들이 만든 월드에 참여해 플레이할 수 있습니다. **[월드에 참여하기]** 탭을 누르면 나오는 참여 코드 입력 창에서 친구들이 생성한 참여 코드를 입력하여 월드에 참여할 수 있습니다.

다른 곳에서 다운로드 받은 월드를 불러와 플레이할 수 있습니다. 공식 홈페이지(https://education.minecraft.net/class-resources/worlds/)에서 *.MCWORLD 형태의 다양한 월드를 다운로드 받을 수 있습니다.

2. 마인크래프트 에듀케이션 에디션 사용 방법 익히기

STEP 2 플레이어 움직이기

먼저 플레이어를 이동시키는 방법을 알아봅시다. M:EE 월드 안에서 나의 분신인 플레이어는 키보드를 이용해 편리하게 움직일 수 있습니다. 또한 마우스를 이용해 시선을 이동할 수 있습니다. **<Space bar>**를 누르면 플레이어가 점프를 합니다. 크리에이티브 모드에서 <Space bar>를 두 번 누르면 하늘을 날아다니며 자유롭게 이동할 수도 있습니다. **<W>** 키를 두 번 누르거나 **<Ctrl>** 키를 누르면 플레이어가 빠르게 이동합니다.

마우스는 어떻게 사용할까요? 마우스 왼쪽 버튼을 클릭하면 도구나 손을 이용해 땅을 파거나 블록을 부술 수 있습니다. 마우스 오른쪽 버튼을 클릭하면 손에 든 아이템을 사용할 수 있고, **<Q>** 키를 누르면 들고 있던 아이템을 바닥에 내려놓습니다.

간혹 플레이어가 높은 곳을 이동하다가 추락해서 사망하는 경우가 생깁니다. **<Shift>** 키를 누르며 이동하면 플레이어가 웅크린 채로 조심스럽게 이동하므로 블록 아래로 떨어지지 않을 수 있습니다. 또한 치트키를 사용하거나 다른 플레이어와 대화하기 위해 **<T>** 또는 **<Enter>** 키를 누르면 채팅창에 글 입력이 가능합니다.

기본 조작키 모음을 보면서 직접 플레이어를 조작해 봅시다.

▲ M:EE 기본 조작키 모음

01 사용 방법 마스터하기 PART I

STEP 3 | 플레이어 아이템 확인하기

<E> 키를 누르면 아래 화면처럼 플레이어의 소지품을 확인할 수 있는 **'인벤토리'** 창이 나타납니다. 인벤토리 창은 '건축', '장비', '아이템', '자연' 등 4개의 종류로 아이템들이 분류되어 있어, 원하는 아이템을 찾기 편합니다. 아이템 아이콘의 오른쪽 아래의 **'+'** 기호를 클릭하면 관련된 여러 아이템을 더 자세히 확인할 수 있습니다.

▲ 인벤토리 창

탭 오른쪽에 있는 **<돋보기>**를 클릭하면 모든 아이템을 볼 수 있으며, 검색창을 이용해 특정 아이템을 바로 찾을 수도 있습니다.

▲ 아이템 검색하기

자주 사용하는 아이템을 빨리 쓸 수 있도록 미리 설정할 수 있다면 정말 편리하겠죠? 실행 화면 하단에 있는 미니 인벤토리에 자주 사용하는 아이템을 장착하고 단축키로 사용할 수 있습니다. '핫바'라고 부르는 미니 인벤토리에는 9개의 아이템 슬롯이 있습니다. 슬롯을 선택하면 플레이어가 해당 아이템을 손에 들고 바로 사용할 수 있습니다. **마우스 휠**을 스크롤하면 손에 든 아이템을 빠르게 바꿀 수 있습니다.

▲ 미니 인벤토리, 핫바

크리에이티브 모드와 서바이벌 모드

크리에이티브 모드에서는 어떠한 몬스터도 여러분의 플레이어를 공격하지 않습니다. 월드를 날아다닐 수도 있고, 아이템 인벤토리가 항상 가득 차 있습니다. 또한 재료에 제한이 없기 때문에 여러분이 원하는 조형물이나 건축물을 만드는 미션에 적합합니다.

반면에 **서바이벌 모드**에서는 몬스터들과의 전투에서 플레이어를 생존시켜야 하고, 플레이를 성장시킬 수 있습니다. 아이템 또한 직접 구해야 하기 때문에 늘 부족함을 느낄 수밖에 없지만 플레이어를 생존·성장시키면서 재미를 얻을 수 있습니다.

STEP 4   마인크래프트 에듀케이션 에디션의 다양한 아이템

M:EE에는 하나하나 설명하기 힘들 정도로 매우 많은 아이템들이 존재합니다. 이 책에서는 수많은 아이템 중에서 아주 특수한 아이템과 M:EE에만 존재하는 특별한 아이템을 살펴보려고 합니다.

▲ 건축 인벤토리

먼저 **'건축'** 인벤토리에서 빨간 테두리로 표시된 아이템을 찾아봅시다. 바로 **'권한블록'**이라는 아이템입니다.

낯선 이름 때문에 어렵게 느껴지는 권한블록이 어떻게 사용되는지 살펴보겠습니다.

권한블록은 일반 블록과는 달리 특수한 기능을 가진 블록입니다. 권한블록은 3가지 종류가 있습니다.

먼저 **'경계블록'**은 블록을 넘어서 이동을 할 수 없도록 M:EE 월드 안에서의 행동 반경을 제한해주는 역할을 합니다. 월드를 만든 플레이어가 이 경계블록을 땅 밑에 보이지 않게 설치해도 그 선을 넘어갈 수 없습니다.

두 번째의 **'허용블록'** 위에서는 자유롭게 블록 설치와 파괴가 가능합니다.

세 번째의 **'거부블록'**은 허용 블록과 반대 개념으로 이해하면 쉽습니다. 거부블록 위에서는 블록을 설치하거나 파괴하는 것이 불가능합니다. 월드를 만들 때 수정되는 것을 원치 않는 부분이 있다면 그 영역 아래에 거부블록을 먼저 설치하는 것이 좋겠습니다.

2. 마인크래프트 에듀케이션 에디션 사용 방법 익히기

이제 **'아이템'** 인벤토리로 넘어가서 5가지 중요한 아이템을 살펴보겠습니다.

▲ 아이템 인벤토리

▲ 아이템 인벤토리

 '칠판' 아이템을 활용하면 그 날의 수업 목표 또는 모두 알아야 할 내용 등을 게시할 수 있습니다.

 '작업대' 아이템은 서바이벌 모드로 플레이를 할 때 필요한 아이템입니다. 작업대 아이템이 있어야 여러 가지 아이템들을 조합해서 새로운 아이템을 만들 수 있습니다.

 **'사진기'**와 **'포트폴리오'** 아이템은 서로 연동되는 아이템입니다. 먼저 사진기 아이템을 이용해 마우스 오른쪽 버튼을 클릭해 사진을 찍어 둡니다. '포트폴리오' 아이템을 열면 그 날 찍은 사진들이 앨범처럼 나타납니다. 각 사진에 캡션을 달아 둘 수도 있습니다.

 '책과 깃펜' 아이템을 이용하면 M:EE를 플레이하는 도중에 언제든지 메모를 할 수 있습니다. 작성한 메모를 *.txt 형태로 저장할 수도 있답니다.

이제 **'자연'** 인벤토리를 살펴보겠습니다. 자연 인벤토리에는 이름 그대로 흙, 돌, 씨앗, 작물, 꽃과 같은 아이템 들이 있습니다. 자연 인벤토리의 '몹 알' 탭에는 **'NPC 생성'**이라는 독특한 아이템이 있습니다.

▲ 자연 인벤토리 안의 NPC 아이템

NPC(Non-Player Character)는 게임 안에서 플레이어가 직접 조종할 수 없는 캐릭터로, 튜토리얼에서 플레이어에게 퀘스트나 안내를 하기 위해 사용되는 도우미같은 존재를 말합니다. NPC 아이템으로 이름, 대사, 외형을 바꾸어 캐릭터를 만들어낼 수 있습니다. 월드를 만든 플레이어가 다른 플레이어들에게 도움을 주기 위해 쓸 수 있는 아이템인 셈이죠. 고급 설정에서 URL 주소를 링크할 수도 있습니다.

▲ 'Education Edition 튜토리얼' 월드에 등장하는 NPC

▲ NPC 설정

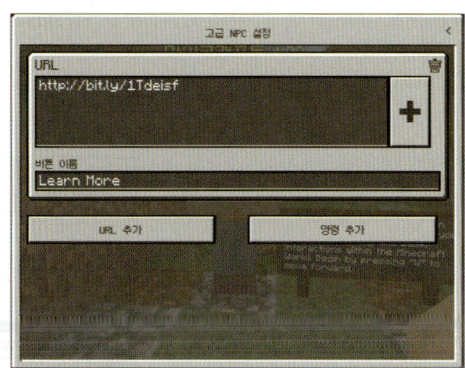
▲ NPC 고급 설정

특수 아이템과 월드빌더

앞서 살펴본 NPC 아이템의 링크 기능이나 권한 블록의 활성화는 월드빌더 권한이 없을 때만 가능합니다. 그렇다면 월드빌더란 무엇일까요? 이름 그대로 M:EE 월드에 존재하는 오브젝트들을 마음대로 수정할 수 있는 신과 같은 권한을 말합니다. 채팅창에 '/wb' 명령어를 입력하는 것으로 월드빌더 권한을 켜고 끌 수 있습니다.

01 사용 방법 마스터하기 PART I

STEP 5 | 마인크래프트 에듀케이션 에디션의 치트키

다른 여러 게임들처럼 M:EE에도 많은 치트키가 존재합니다. 너무 많은 치트키가 존재하기 때문에 모든 치트키를 기억할 수는 없지만 자주 쓰이는 치트키를 알아둔다면 플레이할 때 많은 도움이 되겠죠?

그럼 지금부터 유용한 치트키를 알아보겠습니다. 화면에서 **<Enter>** 키를 눌러 채팅창을 연 뒤에 **</>** 키를 입력하면 다양한 치트키를 볼 수 있습니다.

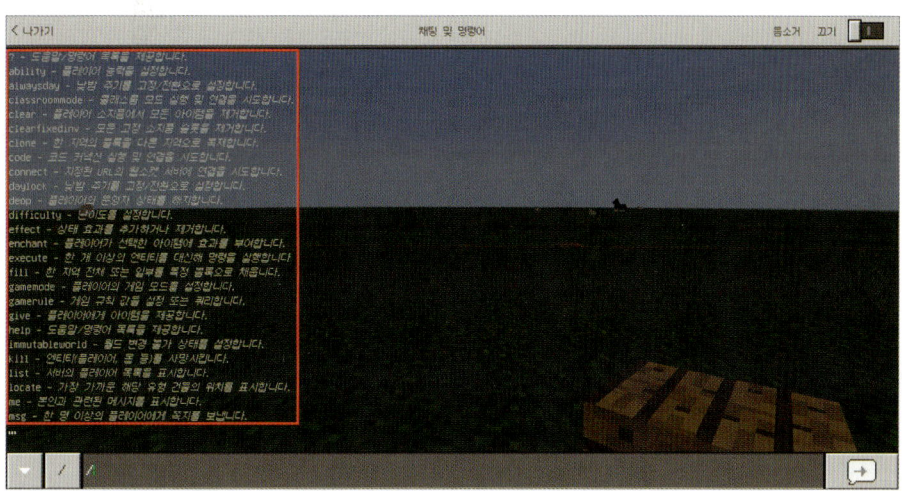

▲ 채팅 및 명령어 창에서 치트키 확인하기

먼저 **'날씨'**와 관련된 치트키를 살펴보겠습니다. **'/weather clear'**, **'/weather rain'**, **'/weather thunder'**처럼 **'/weather {상태}'** 형태로 입력하면 됩니다. 여기서 주의할 점은 '/weather'를 입력한 후 한 칸 띄고 날씨 상태를 입력해야 치트키가 활성화 된다는 점입니다.

▲ 날씨 치트키

다음은 **'시간'**과 관련된 치트키를 알아보겠습니다. **'/time set day'**, **'/time set night'**와 같이 **'/time set {시간}'** 형태로 입력하면 됩니다. 어두우면 플레이어들이 활동하기에 불편하기 때문에 시간을 낮으로 설정해두면 편리하답니다.

▲ 시간 치트키

'**순간이동**' 치트키도 자주 사용됩니다. 다 같이 한 곳에 모여야 하거나 어느 특정 장소로 이동해야 할 경우에 유용하게 사용됩니다. '**/teleport**' 또는 줄임말인 '**/tp**' 둘 다 사용됩니다. '/tp {이동시킬 타겟} {목적지 또는 목적 타겟}' 형태로 입력하면 됩니다. '이동시킬 타겟'을 하나씩 지정하지 않고 '**@a**'를 사용하면 모든 플레이어를 한 번에 이동시킬 수 있습니다. 목적지는 xyz 좌푯값을 숫자로 입력해야 합니다.

▲ 순간이동 치트키

마지막으로 다른 플레이어에게 아이템을 주는 치트키를 알아봅시다. '**/give** {타겟} {아이템} {개수}' 형태로 입력합시다. 순간이동 치트키와 마찬가지로 '@a'로 모든 플레이어에게 아이템을 한 번에 전달할 수 있습니다.

▲ 아이템 이동 치트키

콕콕 포인트

월드의 날씨와 시간 고정하기

플레이할 때마다 치트키를 써서 날씨와 시간을 바꾸는 것이 귀찮다면 '**설정**' 기능으로 월드의 날씨와 시간을 고정할 수 있습니다. 지정한 날씨와 시간은 설정을 바꾸기 전까지 계속해서 유지됩니다.

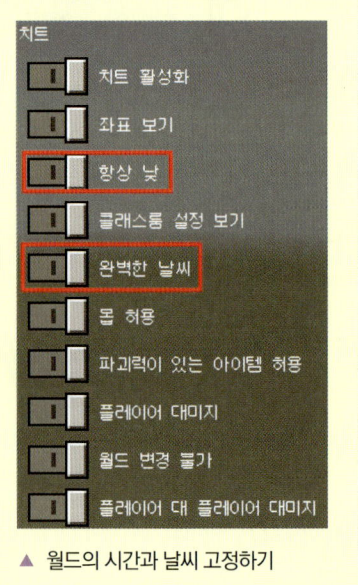

▲ 월드의 시간과 날씨 고정하기

프로젝트 업그레이드 | 나만의 집 만들기

새로운 월드 만들기부터 플레이어 움직이기, 아이템 사용하기 등 많은 단계를 직접 체험해보지 않는다면 M:EE를 제대로 이해할 수 없으니 이제부터 앞에서 다룬 내용들을 적용해보는 프로젝트 활동을 해봅시다.

크리에이티브 모드로 월드를 생성해서 플레이어를 직접 움직여 보고, 앞서 살펴본 여러 아이템을 사용해서 나만의 집을 만들어봅시다. 이 활동을 통해 M:EE의 기본적인 조작법을 익혀보도록 합시다.

다른 플레이어들이 만든 건축물을 보면서 나만의 집을 완성해 봅시다. 완성한 집은 다른 프로젝트에서 또 사용할 수 있으므로 꼭 저장합니다.

▲ Town 템플릿 안의 건축물

학생들의 다양하고 멋진 건축물을 둘러봅시다.

사용 방법 마스터하기 PART. 2

> 💡 **오늘의 프로젝트**
>
> ## 마인크래프트 에듀케이션 에디션, 응용하기

앞서 M:EE에서 월드를 만들고 플레이어를 움직이는 방법, 특별한 아이템과 유용한 치트키까지 재미있는 내용을 살펴보았습니다. 이제부터는 이전에 배운 내용들로 월드 안에서 정원을 만들어 가꾸고, 농작물을 재배하는 프로젝트 활동을 해보겠습니다. 기대되지 않나요?

STEP 1 　 정원 가꾸기

M:EE 월드에서도 현실 세계에서 정원을 가꾸듯이 나만의 정원을 예쁘게 만들고 가꿀 수 있습니다. 내가 만든 집에 조그만 정원을 만들고 예쁘게 꾸며 놓는다면 집이 더 아늑하고 평화롭게 느껴질 것입니다. 정원을 만들기 위해서는 다양한 아이템이 필요합니다. 울타리와 꽃, 돌, 나무 또는 나무블록, 물을 담는 양동이 등 여러 아이템을 핫바에 미리 준비해주세요. 이제부터 여러 아이템을 활용해서 멋진 정원을 직접 만들어 봅시다.

먼저, 다른 플레이어가 만든 정원을 둘러볼까요?

▲ 예시 작품 1

2. 마인크래프트 에듀케이션 에디션 사용 방법 익히기

▲ 예시 작품 2

1단계 울타리 만들기

만들고 싶은 정원의 크기를 생각한 후 땅 위에 울타리를 설치해서 정원이 될 공간을 표시합니다.

▲ 울타리 만들기

2단계 정원 안에 구역 나누기

목재나 돌을 이용해 길을 만들어 정원 안에서 구역을 나눠 봅시다. 길로 구역을 만들면 길 위를 오가면서 산책을 할 수도 있고 구역별로 식물들을 심어 예쁘게 키울 수 있습니다. 길을 만들기 위해서는 먼저 땅을 한 블록 깊이로 파낸 후 선택한 블록으로 채워 줍니다.

▲ 정원 안에 길 만들기

3단계 꽃과 나무 심기

자연 인벤토리에서 원하는 꽃과 묘목 등 다양한 식물들을 선택한 후, 정원에 심어 봅시다.

▲ 자연 인벤토리

▲ 정원에 꽃 심기

4단계 정원 꾸미기

정원을 멋스러운 분위기로 꾸미기 위해서는 작은 연못이나 벤치를 두어도 좋습니다. 다양한 아이템으로 정원을 멋지게 가꿔 봅시다.

▲ 연못 만들기

STEP 2 농장 만들기

이번에는 집 주변에 농장을 만들고 농작물을 키워봅시다. 푸르른 농작물 사이에서 풍요로움을 느낄 수 있습니다. 자신만의 농장을 갖는다는 것은 집 근처에서 항상 음식 자원을 구할 수 있다는 것을 의미합니다. 서바이벌 모드에서는 이와 같은 농장이 특히나 더 중요합니다. 이제부터 직접 땅을 개간하고 밀, 호박, 감자, 당근과 같은 농작물을 재배해 봅시다.

다른 플레이어가 만든 농장을 잠시 둘러보아도 좋습니다.

▲ 예시 작품 1

▲ 예시 작품 2

1단계 농사에 필요한 아이템 갖추기

먼저 자연 인벤토리에서 내가 심고 싶은 작물의 씨앗을 선택하고 핫바에 등록해 줍니다. 핫바를 이용하면 빠르게 작업할 수 있습니다. 농작물을 심기 위해서는 꽃을 심는 것과 다르게 땅을 먼저 개간해야 합니다. 땅을 개간하려면 '괭이' 아이템이 필요합니다. 장비 인벤토리에서 '돌괭이'를 선택한 후, 핫바에 옮겨 놓습니다. 농작물이 자라는 데에는 물이 필요합니다. 물을 주기 위해서는 '물양동이' 아이템이 필요합니다. 필요한 아이템이 모두 준비되었는지 핫바를 다시 한 번 확인합니다.

▲ 장비 인벤토리의 돌괭이

▲ 농사에 필요한 아이템들

2단계 땅 개간하기

땅을 파고 수로를 만들어 개간할 땅을 나눈 후 물양동이를 이용해 물을 부어줍니다. 그런 다음 준비된 괭이를 선택하고 마우스 오른쪽 버튼을 클릭해서 땅을 개간합니다.

▲ 땅 파기

▲ 수로 만들기

▲ 괭이로 개간하기

3단계   씨앗 뿌리기

땅을 개간한 곳에 씨앗을 뿌립니다.

▲ 씨앗 뿌리기

2. 마인크래프트 에듀케이션 에디션 사용 방법 익히기

4단계 울타리 만들기

서바이벌 모드에서는 울타리가 없을 경우, 동물에게서 농장을 보호하기 어렵습니다. 정원을 만들 때처럼 울타리를 설치해 줍시다.

▲ 울타리 만들기

5단계 작물 수확하기

농장에 심은 작물이 자랄 때까지 기다린 후에 작물을 수확해 봅시다. 빛은 씨앗의 성장을 도와주기 때문에 밭 옆에 횃불을 배치하면 좋습니다. '뼛가루' 아이템을 사용하면 작물이 자라는 시간을 절약할 수 있습니다. 자연 인벤토리에 있는 뼛가루를 마우스 오른쪽 버튼으로 클릭해 사용하면 작물이 즉시 다 자란 상태가 됩니다.

▲ 자연 인벤토리의 '뼛가루' 아이템

▲ 뼛가루로 농작물 빠르게 키우기

'균사체' 블록을 배치하면 그 위에 버섯을 재배할 수도 있습니다.

▲ 자연 인벤토리의 '균사체' 블록

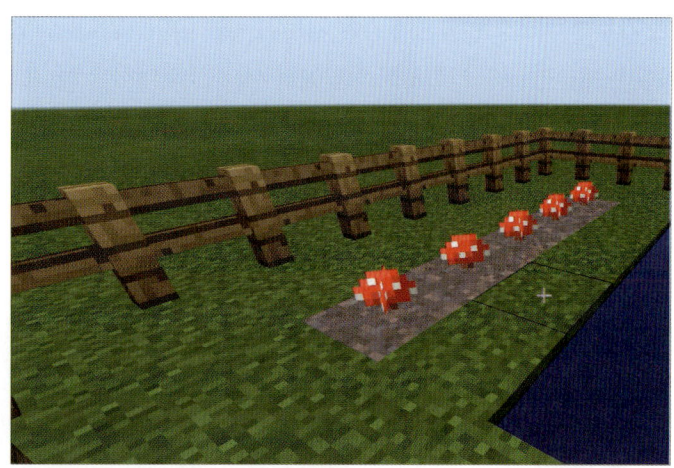
▲ 균사체 블록 위에 버섯 심기

STEP 3 레드스톤 이해하기

'레드스톤'은 M:EE의 엄청난 가능성을 열어주는 놀라운 아이템입니다. 레드스톤을 어떻게 연결하는지, 그리고 레드스톤이 어떻게 다른 블록들을 제어하는지 알게 된다면 M:EE의 마스터가 될 수도 있습니다. 레드스톤 관련 재료들은 아이템 인벤토리에서 찾을 수 있습니다.

지금부터 레드스톤의 기본적인 사용방법을 알아봅시다. 레드스톤 관련 아이템들은 크게 4가지 종류로, '레드스톤 가루', '전원공급 장치', '작동 장치', '레드스톤 탐지기'로 구분할 수 있습니다.

▲ 전원공급 장치와 레드스톤 가루, 작동 장치를 연결한 모습

레드스톤 가루

레드스톤 가루는 레드스톤 활용에 가장 기본이 되는 아이템입니다. 레드스톤 가루는 대부분의 레드스톤 회로에 꼭 필요한 재료로 매우 강력하며 회로에서 전선 같은 역할을 합니다. 전원공급 장치와 레드스톤 탐지기, 작동장치를 연결하고 신호를 전달해 줍니다. 작동하고 있을 때는 레드스톤 가루에서 빛이 나고, 작동을 하지 않을 때는 검붉은 색의 가루로 보입니다. 서바이벌 모드에서는 레드스톤 광석을 캐서 레드스톤 가루를 얻어야 하지만, 크리에이티브 모드에서는 레드스톤 가루가 무제한 공급됩니다.

▲ 레드스톤

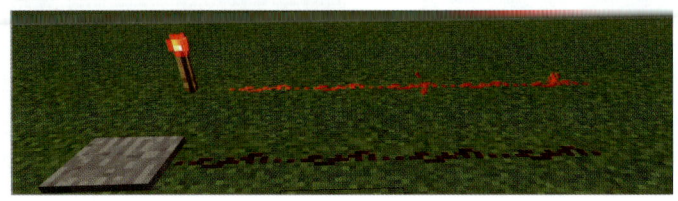
▲ 돌 감압판과 레드스톤 횃불을 레드스톤 가루로 연결하기

전원공급 장치

다음으로 살펴볼 아이템은 **전원공급 장치**입니다. 아래 그림과 같은 장치들입니다. 아래 그림의 왼쪽부터 '일광센서', '레드스톤 횃불', '돌 감압판'과 '나무 감압판', '손잡이', '버튼', '트립와이어 후크', '레드스톤 블록'이라고 부릅니다. 각각의 아이템들은 전원을 공급한다는 공통점이 있지만 전원이 공급되는 시간이나 방법에는 조금씩 차이가 있습니다.

▲ 레드스톤 전원공급 장치

일광센서	말 그대로 빛으로 전원이 공급되는 장치입니다. 햇빛이 있는 동안은 전원이 공급됩니다.
레드스톤 횃불	레드스톤 횃불은 레드스톤 가루로 연결하면 자동으로 신호가 전달됩니다.
감압판	감압판을 무언가가 밟아야만 전원이 공급됩니다. 감압판의 종류는 재료에 따라 구분되며 돌과 나무 외에도 2종류가 더 있습니다. 각각의 감압판은 조금씩 차이가 있습니다.

6단계 맞은편 레드스톤 회로 설치하기

5단계까지 완성했다면 문이 열릴 겁니다. 문이 작동하는지 확인했다면 반대편으로 가서 2~5단계에서 했던 것처럼 땅을 파고 레드스톤 회로를 설치한 후 서로 연결해 줍시다.

▲ 반대쪽 반복 작업

7단계 벽을 쌓아 외관 작업하기

문이 양 쪽에서 모두 작동한다면 자동문이 완성된 것입니다. 자동문을 설치한 후에는 원하는 블록으로 외관을 깔끔하게 가려줍니다.

▲ 외관 작업으로 마무리하기

| 프로젝트 업그레이드 | 나만의 집, 리모델링하기 |

이번 챕터에서 익힌 아이템을 활용하면 지난 챕터에서 만든 나만의 집을 멋있게 꾸밀 수 있습니다. 집 주변에 멋진 정원을 꾸미고, 풍부한 식량을 얻을 수 있는 농장을 만들어 봅시다. 그리고 레드스톤을 이용해 여러분의 집에 자동문을 설치하고 집 안에는 레드스톤 램프와 스위치를 이용해 켜고 끌 수 있는 조명도 만들어 봅시다.

에이전트 이동시키기

오늘의 프로젝트
에이전트 원하는곳으로 이동시키기

에이전트(Agent)는 M:EE에서 여러분이 하기 힘든 일들을 대신 도와주는 로봇입니다. 에이전트에게 명령을 내려 땅 파기, 농사짓기, 아이템 줍기 등 반복적인 작업을 쉽게 할 수 있습니다. 이제부터 에이전트 미션을 통해 에이전트에게 명령을 내리고 원하는 곳으로 이동시키는 방법을 알아보겠습니다.

STEP 1 '코드 빌더 튜토리얼' 미션 1, 2 - 에이전트 이동시키기

▲ STEP 1 미리보기

1단계 '코드 빌더 튜토리얼' 불러오기

에이전트에게 명령하는 방법을 연습해 봅시다. M:EE를 실행한 후, <플레이> 버튼을 클릭합니다. 화면에서 <라이브러리 보기> - <플레이 방법> - <추가 튜토리얼> 버튼을 차례로 클릭한 후, <Code Builder 튜토리얼> - <월드 만들기>를 선택합니다.

> Code Builder 튜토리얼에서 제공하는 여러 가지 미션을 통해 에이전트 조작 방법을 연습해 봅시다.

▲ <추가 튜토리얼> 창에서 'Code Builder 튜토리얼' 선택하기

01 에이전트 이동시키기

키보드의 'Esc'키를 누르고 <설정> 버튼을 클릭하면 월드의 환경을 설정할 수 있습니다.

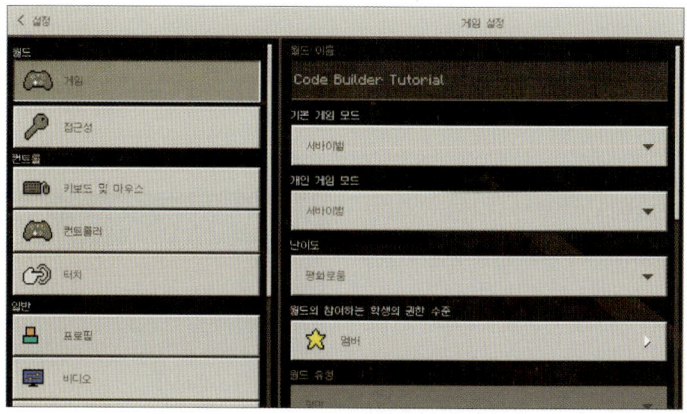

▲ 'Code Builder 튜토리얼' 환경 설정하기

튜토리얼은 빨간색 카펫이 깔려 있는 어느 석조건물 안에서 시작됩니다. 정면에 있는 문을 열고 첫 번째 미션이 있는 곳으로 이동해 봅시다.

▲ 튜토리얼 시작하기

건물 밖으로 나가면 바로 앞에 첫 번째 미션을 수행할 공간이 나타납니다. 앞에 놓여 있는 나무 감압판에 에이전트를 올려놓은 뒤 주어진 미션을 해결해야 합니다.

▲ 튜토리얼의 첫 번째 미션 수행하기

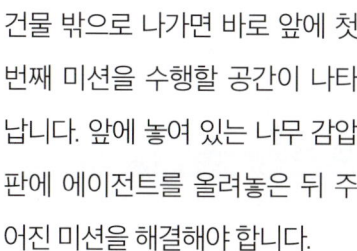
칠판에 미션 내용이 영어로 적혀 있습니다.

3. 에이전트 기본 사용법

> 에이전트에게 명령을 내릴 수 있는 코드블록들은 모두 [에이전트] 카테고리에 모여 있습니다. 에이전트와 관련된 코드블록들은 모두 다홍색입니다.

메이크코드의 에이전트 관련 코드블록을 활용해 에이전트에게 텔레포트, 이동, 회전, 블록 탐지, 블록 놓기, 블록 파괴, 경작, 공격, 아이템 모으기 등 다양한 명령을 내릴 수 있습니다.

먼저 에이전트를 M:EE 월드로 소환하는 코드를 작성해 보겠습니다. '소환'이라고 채팅명령어를 입력하면 에이전트를 플레이어에게 텔레포트시키려고 합니다.

[플레이어] 카테고리에서 [다음 채팅명령어를 입력하면: ~] 코드블록을 가져와 채팅명령어를 '소환'이라고 지정합니다. 블록의 빈 공간에 [에이전트] 카테고리에 있는 [에이전트가 플레이어에게 텔레포트] 코드블록을 끼워 넣습니다.

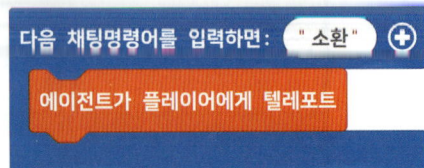

▲ 에이전트 소환하기

이제 M:EE로 돌아가 엔터키 또는 <T> 키를 눌러 채팅 입력창을 연 뒤 '소환'이라고 입력하고 <Enter> 키를 눌러보세요. 에이전트가 플레이어가 있는 곳에 나타납니다. 에이전트의 이름은 '플레이어의 아이디.Agent'로 자동 지정됩니다.

▲ 플레이어에게로 텔레포트한 에이전트

채팅명령어는 간단하게 지정해 주세요!

M:EE 채팅창에 명령어를 직접 입력해야 하므로 채팅명령어는 짧고 명확하게 지정할수록 편리하게 사용할 수 있습니다.

2단계 에이전트 앞으로 이동시키기

첫 번째 미션은 에이전트를 이동시켜 곧게 뻗은 길을 지나 노란 감압판을 밟을 때까지 에이전트를 이동시키는 것입니다.

> 미션을 해결하기 위해 먼저 앞서 만든 코드로 에이전트를 소환합니다.

▲ 첫 번째 미션

첫 번째 미션을 수행하기 위해 채팅창에 '앞으로'라고 채팅명령어를 입력하면 에이전트가 앞으로 거리 1만큼 이동하는 명령을 만들어 보겠습니다.

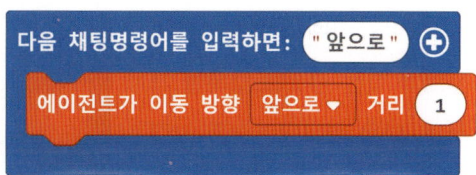

▲ 에이전트를 앞으로 이동시키기

에이전트가 빨간 길을 지나 노란 감압판을 밟을 때까지 채팅명령어인 '앞으로'를 여러 번 입력해서 첫 번째 미션을 해결해 봅시다.

3. 에이전트 기본 사용법

> **3단계** 에이전트 방향 바꾸기

두 번째 미션을 해결하기 위해서는 에이전트의 방향을 바꿔주어야 합니다. M:EE 채팅창에 '왼쪽으로'라고 입력하면 에이전트가 왼쪽으로 방향을 돌리도록 코드를 작성해 봅시다.

▲ 두 번째 미션

> '앞으로'와 '왼쪽으로' 채팅명령어를 이용해 노란 감압판 두 개를 모두 밟을 수 있도록 에이전트를 이동시켜 봅시다.

[에이전트] 카테고리에서 [에이전트가 회전 ~] 코드블록을 가져와 [다음 채팅명령어를 입력하면: ~] 코드블록 사이에 끼워 넣습니다.

▲ 에이전트의 방향을 왼쪽으로 돌리기

콕콕 포인트

이동거리를 지정해 에이전트를 많이 움직여 보세요!

[에이전트가 이동: 방향~ 거리~] 코드블록에서 거리에 해당하는 숫자를 바꾸면 에이전트가 한꺼번에 많은 거리를 이동하게 만들 수 있습니다. 그리고 '앞으로'를 클릭해서 '뒤로', '왼쪽', '오른쪽', '위로', '아래로' 등 이동방향을 바꿔줄 수도 있습니다. 이동방향과 거리를 변경해 아래와 같이 코드를 만들고 실행해 보세요!

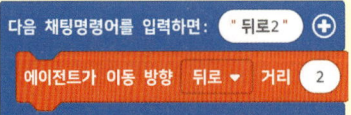 

▲ 에이전트를 한번에 뒤로 2만큼 이동시키기   ▲ 에이전트를 한번에 오른쪽으로 3만큼 이동시키기

01 에이전트 이동시키기

STEP 2 / 미션 3 - 에이전트 공중 부양시키기

세 번째 미션에서는 에이전트가 위아래 방향으로 이동하여 길을 통과해야 합니다.

▲ STEP 2 미리보기

 막다른 곳에서는 에이전트가 하얀 감압판을 밟도록 하면 길이 열립니다.

▲ 세 번째 미션

에이전트가 위아래로 이동하도록 코드를 작성해 봅시다.

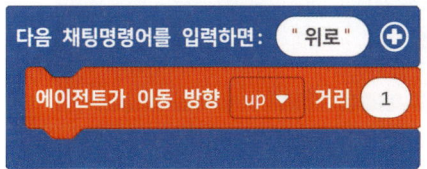
▲ 에이전트를 위로 이동시키기

▲ 에이전트를 아래로 이동시키기

붉은 카펫이 작은 블록으로 인식 되기 때문에 붉은 카펫이 있는 곳은 1칸이 아닌 2칸을 올라가야 합니다.

에이전트는 중력의 영향을 받지 않아요!

에이전트는 월드 내에서 중력의 영향을 받지 않기 때문에 한번 위로 올라가면 땅으로 떨어지지 않습니다. 즉, 공중으로 올려 보내면 아래로 내려오도록 명령어를 입력해 주어야 합니다.

채팅명령어 '위로'를 여러 번 입력하면 에이전트를 공중으로 높게 띄울 수 있습니다.

▲ 위로 3 이동시킨 에이전트

59

3. 에이전트 기본 사용법

프로젝트 업그레이드 | **미션 4 - 에이전트 탈출시키기**

▲ 업그레이드 미리보기

네 번째 미션은 앞에서 만든 코드를 모두 활용해서 에이전트를 탈출시키는 것입니다.

미로 곳곳에 용암과 물이 있지만 에이전트는 아무런 영향을 받지 않습니다. 장애물을 두려워하지 말고 하얀 감압판을 모두 밟으며 마지막 노란 감압판까지 도달해 봅시다.

> 에이전트는 플레이어나 몬스터의 공격에도 끄떡없고, 폭발과 불길에도 영향을 받지 않습니다.

▲ 네 번째 미션

전망대에 올라 에이전트를 살펴보세요!

'Agent 체험판' 월드 가운데에는 높은 전망대가 있습니다. 전망대에 올라가면 에이전트가 코딩한대로 임무를 잘 수행하는지 살펴볼 수 있습니다.

▲ 'Agent 체험판' 월드의 전망대

스스로 해결하기 | 에이전트와 전망대 올라가기

우리가 플레이하고 있는 이 에이전트 튜토리얼 월드는 에이전트에 대해 배우는 공간입니다. 잠시 눈을 돌려 아름다운 월드를 자세히 살피려 합니다. 에이전트가 높은 전망대에 올라가는 코드를 만들어 에이전트와 함께 월드를 둘러봅시다.

▲ 스스로 해결 미리보기

▲ 튜토리얼 월드 전체 모습

여기서는 네 번째 미션을 통과한 에이전트가 전망대 꼭대기로 자연스럽게 이동하는 코드를 만들어 봅시다.

> 네 번째 미션의 도착지에서 시작합시다. 에이전트가 네 번째 미션 도착지에 서있으면 불이 들어오는 것을 확인할 수 있습니다.

▲ 에이전트 출발 지점   ▲ 에이전트 전망대 도착 지점

정리가 쏙쏙

1. 에이전트와 관련있는 코드블록은 [　　　　] 카테고리에 있어요.
2. 에이전트를 플레이어의 위치로 부르기 위해 필요한 코드블록은 무엇일까요?
3. 에이전트가 오른쪽으로 다섯 칸 움직이게 하려면 다음 빈칸을 채워보세요.

해답이 솔솔

1. 에이전트
2. [에이전트가 플레이어에게 텔레포트]
3. 오른쪽, 5

02

에이전트와 광물 캐기

STEP 1 미션 5 - 에이전트로 채굴하기

▲ STEP 1 미리보기

다섯 번째 미션을 통해 블록을 캐고 아이템을 모아 봅시다. 마치 광부처럼 채굴을 하는 작업입니다.

▲ 다섯 번째 미션

> 에이전트가 채굴을 하고 아이템을 수집하려면, 에이전트 역시 플레이어처럼 인벤토리를 가지고 있어야 합니다.

에이전트를 마우스 오른쪽 버튼으로 클릭하여 에이전트 인벤토리를 확인해 봅시다.

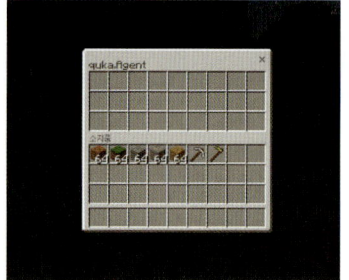

▲ 에이전트 인벤토리

에이전트의 인벤토리를 보면 플레이어의 인벤토리와 마찬가지로 아이템을 보관할 수 있는 27개의 슬롯이 있습니다.

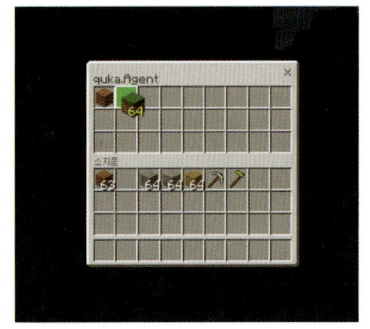

▲ 에이전트와 아이템 교환하기

> 에이전트 인벤토리에 플레이어의 아이템을 전해주거나, 에이전트의 아이템을 플레이어가 가져올 수도 있습니다.

에이전트 역시 플레이어처럼 바닥에 떨어진 블록이나 아이템을 수집할 수 있습니다. 이제부터 에이전트의 수집 능력을 이용해서 다섯 번째 미션을 완료해 봅시다.

다섯 번째 미션은 네 가지 작은 미션으로 나누어져 있습니다. 미션 5-A, B, C는 광물을 채굴하는 미션이고, 마지막 미션은 수집한 아이템을 모두 버리는 것입니다.

미션 5-A: 모든 블록 수집하기

▲ 미션 5-A: 모든 블록 수집하기

미션 5-A를 완료하기 위해서는 앞에 일렬로 놓여 있는 모래와 사암을 전부 파괴하고 모든 블록을 수집해야 합니다.

블록을 파괴하고 파괴된 블록을 수집하는 코드를 만들어 봅시다.

먼저 〔다음 채팅명령어를 입력하면: ~〕 코드블록을 꺼낸 후, [에이전트] 카테고리에서 〔에이전트가 블록 파괴 ~〕 코드블록을 찾아 끼워 넣습니다.

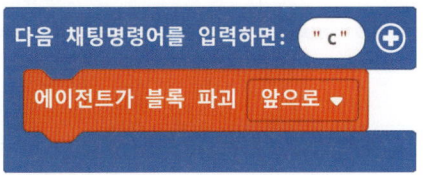

▲ 에이전트가 자신의 앞쪽 블록을 파괴하는 코드

> 앞으로 자주 사용하게 될 명령이므로 채팅명령어는 짧게 지정해 줍니다. 수집(collect)의 앞글자를 따서 'c'를 채팅명령어로 사용합니다.

M:EE 채팅창에 'c'를 입력해서 채팅명령어를 실행해 봅시다. 에이전트가 앞쪽에 있는 블록을 파괴하면 부서진 블록들이 바닥에 떨어집니다. 그리고 에이전트는 그자리에 멈춰 있습니다.

이제 에이전트가 앞쪽의 블록을 부수고, 부서진 조각들을 수집한 후에 앞으로 1칸 이동하는 코드를 작성해 봅시다.

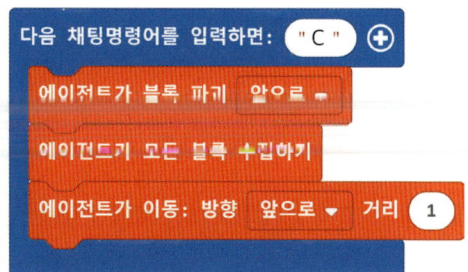

▲ 에이전트가 블록을 채굴하며 앞으로 가는 코드

이제 M:EE 채팅창에 채팅명령어 'c'를 입력하여 에이전트가 앞에 놓여 있는 모래와 사암 블록을 모두 파괴하고 수집하도록 명령해 봅시다.

파괴왕 에이전트!

에이전트는 곡괭이나 삽, 도끼 같은 아이템이 없어도 모든 블록을 파괴할 수 있습니다. 심지어 일반적인 상황에서는 파괴할 수 없는 기반암까지 한번에 파괴할 수 있습니다.

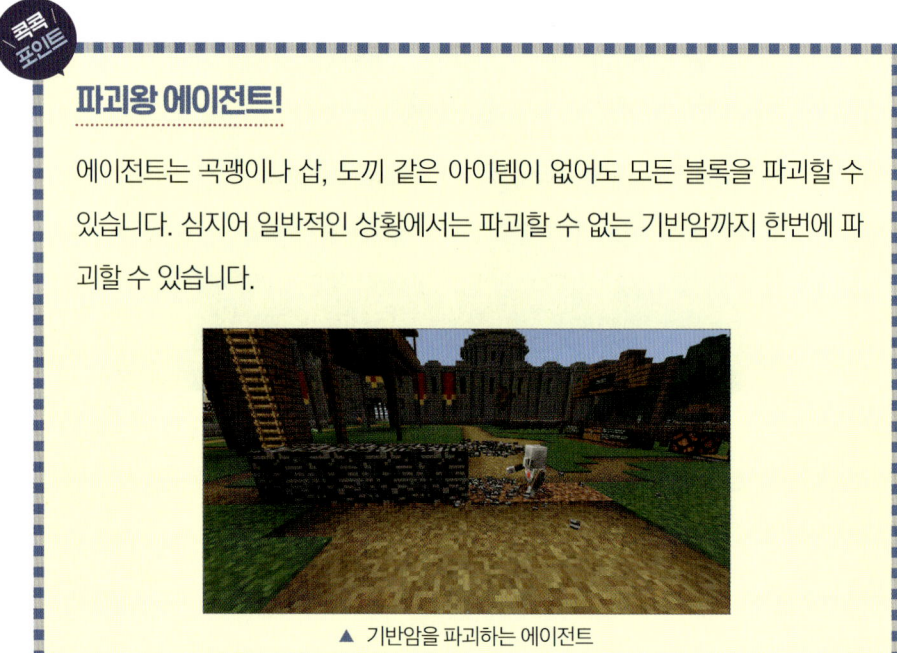

▲ 기반암을 파괴하는 에이전트

이번에는 에이전트가 모든 블록이 아닌 필요한 블록만 수집하도록 코드를 작성해 봅시다.

미션 5-B: 황금 광석만 수집하기

미션 5-B는 여러 블록 중에서 황금 광석만을 골라 수집하는 미션입니다.
에이전트가 황금 광석만을 골라 수집할 수 있도록 코드를 만들어 봅시다.

▲ 미션 5-B: 황금 광석만 골라 모으기

먼저 메이크코드 창에서 미션 5-A를 위해 작성했던 코드를 선택하고 <Ctrl+C> 키로 클립보드에 복사한 후, <Ctrl+V> 키로 붙여 넣습니다.

이미 'c'라는 채팅명령어가 있기 때문에 코드를 복사해 붙여넣으면 코드 색상이 흐릿하게 비활성화 상태로 표시됩니다. 채팅명령어를 '금'이라고 바꿔주면 코드가 활성화됩니다.

▲ 에이전트가 모든 블록을 수집하는 코드

3. 에이전트 기본 사용법

이제 에이전트가 황금 광석만을 수집하도록 코드를 수정해 봅시다.

> 모든 블록이 아닌 황금 광석만 수집하려면 〔에이전트가 모든 블록 수집하기〕 코드블록 대신 원하는 블록만을 수집할 수 있도록 코드를 수정해 주어야 합니다.

〔에이전트가 모든 블록 수집하기〕 코드 블록을 선택한 후, <Delete> 키로 삭제합니다. [에이전트] 카테고리에서 〔에이전트가 아이템 모으기 ~〕 코드블록을 가져와 해당 위치에 끼워 넣습니다. 우리가 수집할 황금 광석은 블록이므로 〔에이전트가 아이템 모으기〕 코드 블록에 [블록] 카테고리에 있는 〔블록 선택〕 코드블록을 끼워야 합니다.

▲ 블록 선택 코드블록 교체 전

〔블록 선택〕 코드블록을 끼운 후에는 초기값인 잔디 블록을 클릭한 후, 황금 광석으로 변경해 주어야 합니다. 코드가 완성되면 M:EE 채팅창에 '금'이라고 입력하여 주어진 미션을 완료해 봅시다.

▲ 에이전트가 황금 광석만을 수집하는 코드

콕콕 포인트

황금 광석 수집 미션, 반복문으로 한번에 해결하기!

지금까지 에이전트가 블록을 하나씩 파괴하고 수집하며 앞으로 이동하도록 코딩했습니다. 한 번의 채팅명령어 입력으로 에이전트가 필요한 양의 블록을 모두 파괴하고 수집하게 하려면 [반복] 카테고리에 있는 코드블록을 활용해 봅시다.

다섯 번째 미션 5-A, B, C에서 파괴해야 하는 블록들은 각 10개이므로, 10번 반복하도록 코딩을 하면 한 번의 채팅명령어 입력으로 미션을 해결할 수 있습니다.

02 에이전트와 광물 캐기

STEP 2 | 미션 5 – 특정한 아이템을 수집하거나 버리기

이번에는 에이전트가 블록이 아닌 아이템을 수집하도록 코드를 작성해 봅시다.

▲ STEP 2 미리보기

미션 5-C: 다이아몬드와 레드스톤 수집하기

미션 5-C에서는 앞에 있는 블록을 파괴하면서 다이아몬드와 레드스톤을 수집해야 합니다.

▲ 미션 5-C: 다이아몬드와 레드스톤 수집하기

다이아몬드와 레드스톤은 블록이 아니라 아이템으로 구분됩니다. 따라서 앞에서 사용했던 (에이전트가 아이템 모으기 ~) 코드블록에 (블록 선택) 코드블록을 바꿔 끼우지 않아도 됩니다.

▲ 아이템의 형태로 나타나는 다이아몬드와 레드스톤

미션 5-B에서 작성한 코드를 선택하여 복사한 후, 붙여넣어 줍니다. (에이전트가 아이템 모으기 ~) 코드블록에 [블록] 카테고리에서 (아이템 선택) 코드블록을 찾아 끼워 줍니다.

> 검색란에 '레드스톤'이라고 입력해도 편리하게 아이템을 찾을 수 있습니다.

(아이템 선택) 코드블록의 기본값은 '철제 삽'입니다. 삽 그림을 클릭한 후, 레드스톤을 선택해 아이템을 변경해 줍니다.

다이아몬드도 수집해야 하기 때문에 [에이전트] 카테고리에서 (에이전트가 아이템 모으기 ~) 코드블록을 하나 더 가져와 끼워 줍니다. 마찬가지로 다이아몬드로 수집할 아이템을 바꿔줍니다.

> 채팅명령어는 레드스톤(redstone)과 다이아몬드(diamond)의 앞글자를 따서 'rd'로 지정해 주었습니다.

▲ 에이전트가 레드스톤과 다이아몬드를 수집하는 코드

M:EE 채팅창에 'rd'를 입력해서 코드가 잘 실행되는지 확인해 보세요. 에이전트가 앞쪽의 블록을 파괴하고 레드스톤과 다이아몬드 아이템들을 모두 수집하는 것을 확인할 수 있습니다.

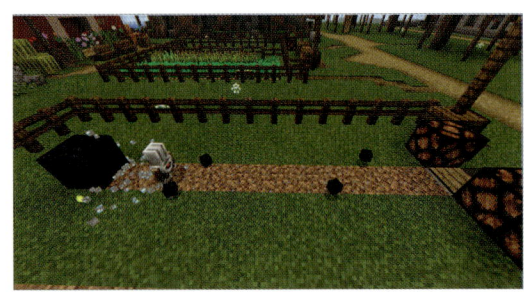

▲ 다이아몬드와 레드스톤을 수집하는 에이전트

레드스톤이나 다이아몬드를 광석 블록으로 캐내는 방법, 곡괭이 인챈트하기!

철광석과 금광석을 제외한 블록들은 곡괭이로 캐냈을 때 아이템 형태로 나타납니다. 때문에 미션 5-B에서 황금 광석은 [블록 선택] 코드블록을 사용해 수집하고, 미션 5-C에서 레드스톤과 다이아몬드는 [아이템 선택] 코드블록을 사용해 수집했습니다.

하지만 다른 블록들을 광석 블록의 형태로 캐내는 것이 불가능한 것만은 아닙니다. M:EE에서는 효과부여대에서 아이템에 마법을 부여할 수 있는데, 이것을 '인챈트'라고 합니다. 곡괭이를 인챈트하여 '채굴 정확성' 효과가 부여되면 레드스톤이나 다이아몬드를 아이템이 아닌 광석 블록의 형태 그대로 캐낼 수 있습니다.

그러나 마법을 부여하는 방법은 꽤 까다롭기 때문에 이 책에서는 다루지 않습니다.

▲ 효과부여대에서 곡괭이의 '채굴 정확성' 인챈트하기

▲ '채굴 정확성'이 인챈트된 곡괭이로 레드스톤과 다이아몬드 채굴하기

미션 5-보너스: 수집한 아이템 버리기

다섯 번째 미션의 마지막에는 보너스 미션이 있습니다. 보너스 미션은 에이전트의 인벤토리에 있는 모든 아이템들을 버리는 것입니다.

▲ 보너스 미션: 에이전트의 모든 아이템 버리기

마지막 보너스 미션 내용을 알려 주는 패널 바로 아래에 '아이템 호퍼'라고 부르는 구덩이가 있습니다. 에이전트의 아이템을 버릴 수 있고 아래가 좁아지는 모양을 가진 구덩이입니다.

'버리기'라고 채팅명령어를 입력하면 에이전트가 갖고 있는 모든 아이템을 앞으로 버리도록 코드를 작성해 봅시다.

[에이전트] 카테고리에 있는 [에이전트가 ~에 모든 아이템 버리기] 코드블록을 사용하면 됩니다. 먼저 에이전트를 호퍼 앞으로 소환한 후, M:EE 채팅창에 '버리기'라고 채팅명령어를 입력해 봅시다.

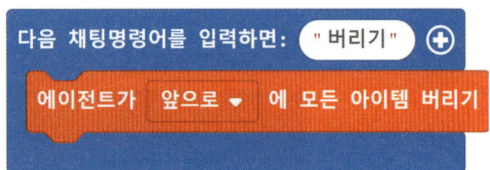

▲ 에이전트가 모든 아이템을 버리게 하기

프로젝트 업그레이드 | 필요한 블록이나 아이템만 골라서 캐기

이번에는 필요한 블록만 파괴하도록 코드를 작성해 봅시다.
'Agent 체험판' 월드의 다섯 번째 미션을 이 방법으로 새롭게 해결해 봅시다. 새로 만든 Agent 체험판 월드에서 다섯 번째 미션의 5-C까지 이동한 후, 에이전트를 소환합니다. 10개의 블록 중, 흑요석을 제외하고 레드스톤과 다이아몬드 광석만 채굴해 봅시다.

▲ 업그레이드 미리보기

먼저 미션 5-C의 시작점에서 에이전트를 공중으로 1칸 띄워 줍니다. 에이전트가 블록 위를 지나가면서 발아래의 블록이 필요한 블록인지 확인한 후, 필요하면 채굴하고 필요하지 않으면 그냥 지나쳐 다음 블록을 확인하도록 코드를 작성합니다.

▲ 발아래의 블록을 확인하는 에이전트

> 다섯 번째 미션을 모두 해결해서 블록들이 모두 파괴된 상태라면 현재 플레이 중인 Agent 체험판 월드를 종료한 후, 새로운 Agent 체험판 월드를 만들면 됩니다.

우선 첫 번째 블록을 확인하기 위해서 에이전트를 앞으로 한 칸 이동시키는 코드를 만들어 줍니다. [에이전트] 카테고리에서 〔에이전트가 이동: 방향~ 거리~〕 코드블록을 이용합시다.

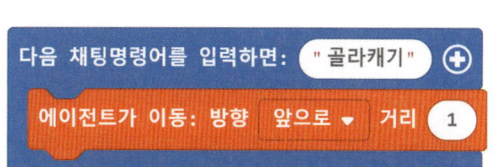
▲ 에이전트를 앞으로 1칸 이동시키기

> '골라캐기'로 채팅명령어를 지정해서 코드를 작성해 봅시다.

이제 에이전트가 발아래의 블록이 레드스톤이나 다이아몬드 광석인지 확인할 차례입니다. [에이전트] 카테고리에서 에이전트가 블록을 검사해주는 코드블록과 [논리] 카테고리에서 주어진 조건을 비교하는 코드블록을 사용합니다. 확인할 광석을 지정하기 위해 [블록] 카테고리의 〔블록 선택〕 코드블록도 필요합니다.

▲ 에이전트가 발아래 블록이 레드스톤인지 확인하는 코드

▲ 에이전트가 발아래 블록이 다이아몬드인지 확인하는 코드

에이전트는 발아래 블록이 레드스톤 광석인지 다이아몬드 광석인지 검사하는 코드를 둘 다 수행하고, 두 조건 중 하나라도 만족한다면 채굴을 시작합니다. [논리] 카테고리의 〔또는(or)〕 코드블록으로 위에서 만든 두 종류의 검사 코드를 하나의 조건으로 연결합시다.

▲ 에이전트가 발아래 블록이 레드스톤인지 다이아몬드인지 확인하는 코드

이제 발아래 블록을 검사하는 조건을 완성했습니다. [논리] 카테고리에서 〔만약(if) ~ 이면 실행〕 코드블록에 완성한 검사 조건을 끼워 넣고 코드를 완성해 봅시다.
미션 5-C에서처럼 〔에이전트가 블록 파괴: down〕, 〔에이전트가 아이템 모으기〕 코드블록을 사용해서 코드를 작성합니다.

> 주어진 조건이 참이면 에이전트가 발아래에 있는 블록을 파괴하고 레드스톤과 다이아몬드 아이템을 수집할 수 있도록 코드를 만들어 줍니다.

▲ 에이전트가 발아래 블록이 레드스톤 또는 다이아몬드 광석일 때만 채굴하는 코드

마지막으로 맨 처음에 만들었던 '골라캐기' 채팅명령어 코드블록 사이에 끼워 넣으면 완벽한 코드가 완성됩니다.

▲ '골라캐기' 채팅명령어를 입력하면 에이전트가 발아래 블록이 레드스톤 또는 다이아몬드 광석일 때만 채굴하는 코드

작성한 코드를 실행하면 에이전트는 공중에서 앞으로 한 걸음 나아간 뒤, 발아래의 블록이 레드스톤 광석이 맞는지 또는 다이아몬드 광석이 맞는지 조건을 확인합니다. 그리고 조건이 맞다면 발아래의 블록을 파괴하고 레드스톤 아이템과 다이아몬드 아이템을 수집합니다. 조건을 만족하지 않으면 블록을 파괴하지 않고 지나치게 됩니다.

채팅명령어를 한 번만 입력해도 에이전트가 필요한 블록을 모두 골라 캘 수 있도록 코드를 작성해 봅시다. 미션 5-C의 블록은 모두 10개이므로 반복은 10회만 실행되도록 합시다.

> 채팅명령어를 여러 번 입력하는 것이 번거롭다면 [반복] 카테고리에 있는 [반복(repeat): ~회 실행] 코드블록을 사용하면 됩니다.

▲ 한 번의 채팅명령어 입력으로 에이전트에게 필요한 블록만 골라 캐도록 하는 코드

3. 에이전트 기본 사용법

스스로 해결하기 | 철광석 탐지 로봇 만들기

▲ 스스로 해결하기 미리보기

눈앞에 놓인 블록 말고도 이미 우리 발아래에는 수많은 광석들이 숨겨져 있습니다. 그 중에는 철광석도 숨겨져 있겠지요. 에이전트의 수집 능력을 이용해서 지하의 철광석을 찾아봅시다.

새로운 크리에이티브 월드를 열어 에이전트가 빌 밑의 지하를 한 칸씩 파내려가 철광석을 발견하고 수집하게 해 봅시다.

우선 에이전트의 소지품 슬롯1에 철광석을 하나만 전달해 줍시다. 그러면 에이전트는 슬롯1에 철광석을 저장하고, 나머지 슬롯에는 새로 얻은 것들을 채워넣을 겁니다.

에이전트가 철광석을 발견하고 수집하여 슬롯1의 소지품 개수가 1개를 넘는 순간 플레이어에게 텔레포트하는 코드를 만들어 봅시다.

▲ 코드 실행 중 모습: 지하로 파내려가는 에이전트

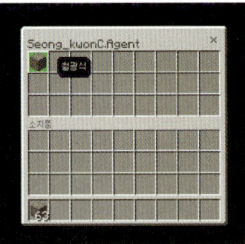
▲ 슬롯 1에 전달한 철광석 1개   ▲ 여러 광물과 철광석

정리가 쏙쏙

해답이 솔솔
1. 1번, 3번
2. [논리]

1. 에이전트가 앞의 블록을 파괴하고 아이템을 수집하게 하려면 다음 중 어떤 코드블록을 사용해야 하는지 동그라미 해봅시다.

   [에이전트가 블록 파괴 앞으로▼]   [에이전트가 모든 블록 수집하기]   [에이전트가 아이템 모으기▼]

2. 참과 거짓을 구분하여 조건에 따라 다른 실행을 해야할 때 사용하는 (만약 ~ 이면 실행) 코드블록은 □□□□ 카테고리에 있습니다.

03

에이전트와 농사 짓기

STEP 1 　미션 6- 에이전트로 밭 경작하기

M:EE에서 생존하기 위해서는 반드시 농사를 지어야 합니다. 농사를 지을 수 있는 작물로는 밀, 호박, 당근, 감자, 사탕수수 등이 있습니다.

▲ M:EE의 여러 가지 작물들

▲ STEP 1 미리보기

여섯 번째 미션에서는 에이전트와 함께 농사를 지어야 합니다. 미션 장소 정면에 있는 큰 상자에 에이전트가 농사를 짓는 데 필요한 아이템들이 들어있습니다.

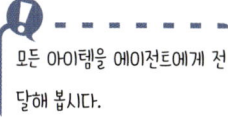
모든 아이템을 에이전트에게 전달해 봅시다.

▲ 여섯 번째 미션: 에이전트와 농사 짓기

3. 에이전트 기본 사용법

1단계 아이템과 인벤토리 사용하기

> 마우스 오른쪽 버튼으로 클릭해서 상자를 열 수 있습니다.

우선 상자에 있는 아이템을 전부 꺼내 보겠습니다.
위쪽 상자에 있는 모든 아이템들을 아래쪽 플레이어의 인벤토리로 옮겨 봅시다.

▲ 큰 상자에 들어 있는 농사에 필요한 아이템들

> <Shift> 키를 누른 채로 아이템을 클릭하면 인벤토리의 아이템을 빠르게 옮길 수 있습니다.

플레이어 인벤토리로 옮긴 아이템들을 다시 에이전트의 인벤토리를 열어 에이전트에게 전해줍시다. 에이전트를 마우스 오른쪽 버튼으로 클릭하면 에이전트의 인벤토리로 아이템을 전달할 수 있습니다.

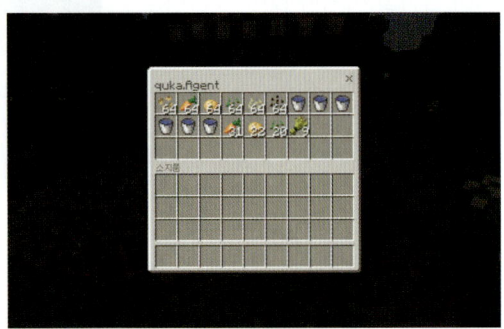
▲ 농사 아이템을 에이전트에게 전달하기

2단계 밭 갈기

> 땅을 부드러운 흙으로 만들려면 플레이어로 농사를 지을 때는 '괭이' 아이템을 사용해야 하지만 에이전트로 땅을 경작할 때는 '괭이' 아이템이 없어도 가능합니다.

작물마다 재배 환경이 조금씩 다르긴 하지만 대부분의 농작물은 경작된 땅과 물이 필요합니다. 작물을 키우기 위해서는 먼저 밭을 갈아야 합니다.

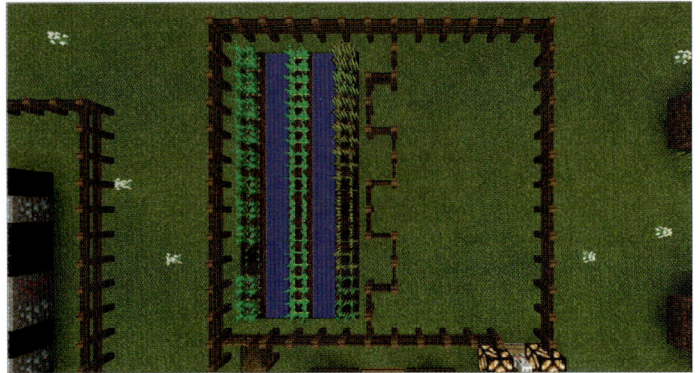
▲ 또다른 여섯 번째 미션 수행지

에이전트가 밭 전체를 경작하도록 '밭갈기'라는 코드를 만들려고 합니다. 우선 시작 지점에서 출발하여 앞으로 11칸 경작하는 코드를 만들어 봅시다.

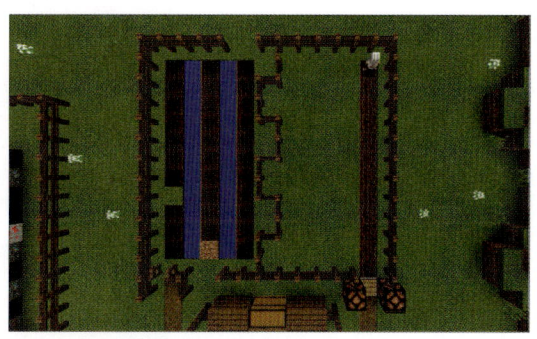

▲ 에이전트가 밭을 한 줄 경작하도록 하는 코드

경작된 땅 주변에는 땅이 마르지 않도록 물을 꼭 두어야 합니다. 오른쪽 땅은 근처에 물이 없기 때문에 밭을 갈아도 금새 말라버려서 원래 딱딱한 땅으로 돌아가버리지만 신경 쓰지 말고 연습삼아 밭을 갈아 봅시다.

[에이전트] 카테고리에 있는 [에이전트가 경작] 코드블록과 경작이 끝나면 앞으로 1칸 이동해주는 [에이전트가 이동: 방향~ 거리~] 코드블록을 사용해야 합니다. 경작을 반복하기 위해서 [반복] 카테고리에 있는 [반복(repeat): ~회 실행] 코드블록을 사용합니다.

출발 지점 바로 앞 칸은 경작되지 않지만 밭을 끝까지 경작하기 위해 경작 횟수를 12번으로 지정해 줍니다.

작성한 명령어를 실행하면 에이전트가 시작 지점에서 한 칸 떨어진 지점부터 11칸을 경작한 모습을 확인할 수 있습니다.

▲ 에이전트가 밭을 한 줄 경작한 모습

3. 에이전트 기본 사용법

> 에이전트가 몸을 틀며 1번 경작했으므로, 추가로 밭을 경작할 때는 반복 횟수가 10번이 됩니다.

에이전트가 밭을 한 줄 경작한 후에 멈추지 않고 계속해서 밭을 2줄 더 경작하게 해 봅시다.

밭을 한 줄 경작한 에이전트가 몸을 돌려 밭을 한 칸 경작한 후 다시 몸을 돌려 새롭게 경작할 위치로 이동할 수 있도록 코드를 작성해 봅시다.

에이전트가 회전하는 방향을 생각하며 밭을 두 줄 더 경작하도록 합니다.

```
에이전트가 회전 왼쪽
에이전트가 경작 앞으로
에이전트가 이동: 방향 앞으로 거리 1
에이전트가 회전 왼쪽
반복(repeat): 10 회 실행
    에이전트가 경작 앞으로
    에이전트가 이동: 방향 앞으로 거리 1
에이전트가 회전 오른쪽
에이전트가 경작 앞으로
에이전트가 이동: 방향 앞으로 거리 1
에이전트가 회전 오른쪽
반복(repeat): 10 회 실행
    에이전트가 경작 앞으로
    에이전트가 이동: 방향 앞으로 거리 1
```

▲ 에이전트가 밭을 두 줄 더 경작하도록 하는 코드

방금 작성한 코드를 미리 작성해 두었던 '밭갈기' 코드에 끼웁니다. 그러면 밭을 한 줄 경작한 지점에서 에이전트가 몸을 돌려가며 두 줄을 더 경작합니다.

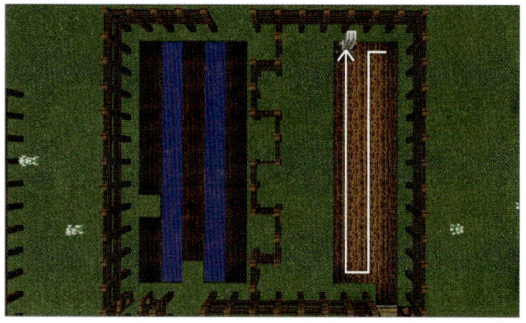

▲ 코드를 추가했을 때 에이전트의 이동 경로

03 에이전트와 농사 짓기

추가한 코드를 한 번만 더 실행하면 나머지 밭을 모두 경작할 수 있습니다. [반복] 카테고리에 있는 (반복(repeat): ~회 실행) 코드블록으로 전체 코드를 감싼 후, 반복 횟수는 '2회'로 지정합니다.

M:EE 채팅창에 '밭갈기'를 입력하면 에이전트가 밭 전체를 한 번에 경작합니다.

연습 과정에서 이미 에이전트가 밭을 일부 경작했기 때문에 경작지 시작 지점으로 에이전트를 이동시킨 후에 명령을 실행하세요.

▲ 완성된 '밭갈기' 코드

3. 에이전트 기본 사용법

> **콕콕 포인트**
>
> **아래로는 경작할 수 없어요!**
>
> 에이전트가 발아래부터 경작하려면 (에이전트가 경작: ~) 코드블록에서 경작 방향을 'down'으로 지정하되 위로 한 칸 떠 있어야 경작할 수 있습니다.

▲ 에이전트가 아래를 경작하는 모습

STEP 2 미션 6 - 에이전트로 씨 뿌리기

▲ STEP 2 미리보기

경작을 끝냈으니 씨앗을 심어 봅시다. 대부분의 작물은 경작된 땅이 아니면 심을 수가 없습니다. 이제 처음으로 에이전트가 아이템을 사용하게 되었습니다. 아이템을 사용하기 위해서는 에이전트가 갖고 있는 여러가지 아이템 중에서 사용할 아이템을 먼저 선택해야 합니다. 에이전트를 마우스 오른쪽 버튼으로 클릭해서 에이전트의 인벤토리 창을 띄워 봅시다.

▲ 에이전트의 인벤토리

80

에이전트에게 비트 씨앗을 심게 하려면, 먼저 [에이전트가 ~슬롯을 활성화] 코드블록으로 에이전트 인벤토리에서 비트 씨앗이 있는 슬롯을 활성화시킨 후에 [에이전트가 블록놓기 ~] 코드블록을 사용해 비트 씨앗을 앞에 심도록 하면 됩니다.

> 에이전트는 27개의 아이템 슬롯을 가지고 있습니다. 인벤토리의 슬롯 번호는 첫 번째 줄 제일 왼쪽부터 1번입니다.

씨앗을 심기 위해 여섯 번째 미션 수행지의 왼쪽 땅 시작 지점에 에이전트를 불러옵시다. M:EE 채팅창에 '씨앗심기'라고 입력하면 에이전트가 밭에다 한 줄씩 비트 씨앗을 심도록 코드를 작성해 보겠습니다.

▲ 씨앗을 심기 전 시작 지점에 에이전트 불러오기

> 에이전트를 소환하거나 이동하는 코드들은 미리 만들어 둡시다.

먼저 [에이전트가 ~ 슬롯을 활성화] 코드블록으로 씨앗이 들어 있는 에이전트 인벤토리의 슬롯 1을 활성화합니다. [에이전트가 블록놓기 ~] 코드블록의 옵션을 'down'으로 설정해서 에이전트가 발아래의 땅부터 씨앗을 심을 수 있도록 해 줍

▲ 완성된 '씨앗심기' 코드

니다. 씨앗을 심은 에이전트가 앞으로 1칸 이동하도록 코드를 추가해 줍니다.

[반복] 카테고리에 있는 [반복(repeat): ~회 실행] 코드블록으로 11회 반복해서 씨앗을 심을 수 있도록 코드를 완성해 줍시다.

그런데 작성한 코드를 실행해도 씨앗을 심을 수 없거나 작물이 제대로 자라지 않습니다. 그 이유는 근처에 물이 없어 땅이 말라버렸기 때문입니다. 밭 옆에는 꼭 물길을 만들어야 작물이 자랄 수 있습니다.

3. 에이전트 기본 사용법

에이전트 발아래 씨앗 심기!

〔에이전트가 경작 {down}〕코드블록과 달리 〔에이전트가 블록놓기 {down}〕 코드블록으로는 에이전트의 발아래 땅에 바로 씨앗이나 묘목을 심을 수 있습니다. 단, 일반 블록은 에이전트의 발아래 땅에 놓을 수 없습니다.

▲ 발아래에 씨앗을 심는 에이전트

프로젝트 업그레이드 에이전트로 메마른 땅 개간하기

▲ 업그레이드 미리보기

> 물은 양동이로 길어 다른 곳으로 옮길 수 있는데, 물 한 양동이는 한 쪽 방향으로 최대 7칸까지 퍼집니다.

식물이 자랄 수 있도록 물길을 만들고 작물을 수확하는 방법을 알아봅시다. 경작한 땅을 마르지 않게 하기 위해서는 반드시 물이 필요합니다. 여섯 번째 미션의 오른쪽 땅에 물길을 내고 물을 길어 밭을 가꾸어 봅시다.

▲ 중심에서 최대 7칸까지 퍼지는 물

에이전트 인벤토리에는 여섯 번째 미션 수행 상자에서 꺼낸 물 양동이 아이템이 6개 들어 있을 겁니다. 이 물 양동이를 물길의 한가운데에 사용하면 물길 전체에 물이 흐르도록 만들 수 있습니다.

▲ 물길의 끝에 물 양동이를 사용한 모습(위)과 물길의 중심에 물 양동이를 사용한 모습(아래)

이제 에이전트가 땅을 파고 물길을 낸 후, 물길 한가운데에 물 양동이를 사용해 물을 붓도록 하겠습니다. 에이전트를 밭 한쪽 끝으로 이동시킨 후, 채팅명령어 '물길'을 입력하면 에이전트가 물길을 파도록 코드를 작성해 봅시다.

물길을 파기 위해 [에이전트] 카테고리의 [에이전트가 블록 파괴], [에이전트가 이동: 방향~ 거리~] 코드블록을 사용해 봅시다.

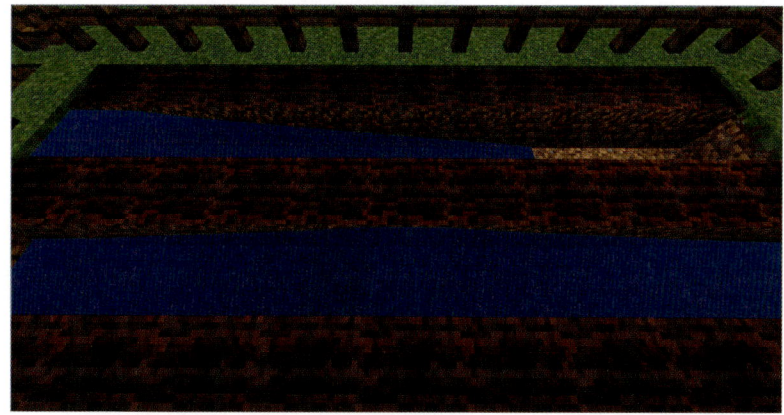

▲ 물길 한 칸 파내기

3. 에이전트 기본 사용법

> 씨앗을 심기 전, 물길을 내고 땅을 경작해 줍니다. 물길을 먼저 내 주어야 경작한 땅이 마르지 않아 씨앗을 심고 작물을 수확할 수 있습니다.

물길을 파는 코드를 완성했다면 [반복] 카테고리의 [반복(repeat): ~회 실행] 코드블록을 사용해 5회 반복하도록 합니다. 해당 코드로 5칸의 물길을 파낼 수 있습니다. 밭은 한 줄에 11칸이므로 5칸 물길 파기를 반복한 후 물 양동이를 사용합시다.

슬롯 7에 있는 물 양동이를 사용하기 위해 해당 슬롯을 활성화시켜 줍니다. 그 다음 에이전트 발아래에 블록을 놓도록 코드를 작성합니다.

이제 나머지 5칸을 마저 파내어 물길을 완성해 줍시다.

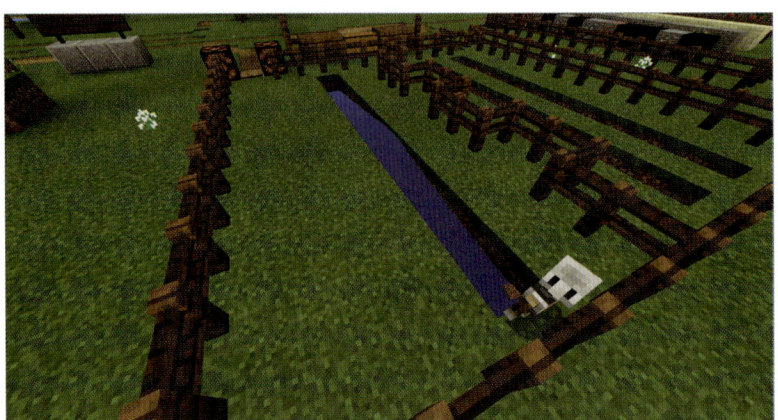

▲ 완성된 '물길' 코드

▲ 에이전트가 물길을 완성한 모습

이번에는 에이전트가 직접 작물을 수확하도록 해 봅시다.

▲ 농작물 수확을 준비하는 에이전트

M:EE 채팅창에 '수확'이라고 입력하면, 에이전트가 밭의 끝까지 걸어가면서 작물을 수확하도록 코드를 만들어 봅시다.

먼저 다섯 번째 미션의 미션 5-A처럼 블록을 파괴하고 아이템을 수집하는 코드를 만듭니다.

▲ 블록을 파괴하고 아이템을 수집하는 코드

밭 한 줄의 길이는 11칸입니다. 지금 만든 코드가 11회 반복되도록 [반복] 카테고리에서 [반복(repeat): ~회 실행] 코드블록을 가져와 코드를 완성합시다. 작성한 코드를 실행해 보고 농작물 한 줄을 전부 수확한 뒤, 나머지 농작물도 모두 수확해 봅시다.

▲ 밭 한 줄을 수확하는 코드

완성된 땅 주변을 에이전트를 이용해 씨앗을 심어서 밭을 경작하여 나만의 밭을 완성해 봅시다.

스스로 해결하기 | 가로수 심기

▲ 스스로 해결 미리보기

> 짙은 참나무 묘목은 4개가 한 군데에 모여있어야만 큰 나무로 자랄 수 있으니 묘목을 고를 때 주의합시다.

에이전트로 씨를 뿌리고 작물을 심어 수확하는 것까지 배웠습니다. 이제 에이전트에게 가로수를 가꾸는 거대한 작업을 시켜봅시다. 가로수는 길을 따라 일정한 간격으로 띄어져 심어집니다. 에이전트에게 시키기 안성맞춤인 작업입니다. 원하는 나무의 묘목을 선택하여 길가에 심어 멋진 가로수길을 가꾸어 보세요!

▲ 가로수를 심고 뼛가루를 뿌리는 에이전트

▲ 길 양쪽에 가로수를 심은 에이전트

여기서는 에이전트의 슬롯 1에는 아카시아 묘목을, 슬롯 2에는 뼛가루를 두어 코드를 만들어 봅시다. 에이전트가 묘목을 심은 후 뼛가루를 여러 번 뿌리면 묘목이 빠르게 성장하는 것을 기억합시다.

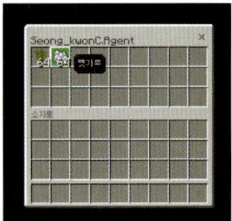
▲ 슬롯 안의 묘목과 뼛가루

정리가 쏙쏙

해답이 솔솔

1. 1번
2. 아이템
3. [반복]

1. 밭을 경작하려면 농작물을 심기 전에 땅을 갈아엎어야 합니다. 이때 필요한 코드블록은 무엇인가요?

   [에이전트가 경작 앞으로 ▼]   [에이전트가 회전 왼쪽 ▼]

2. 물을 사용하려면 인벤토리에서 물 양동이를 꺼내어 사용합니다. 물 양동이는 (블록 / 아이템)입니다. 맞는 쪽에 동그라미로 표시해 봅시다.

3. 같은 행동을 여러 번 해야할 때는 [   ] 카테고리의 블록을 사용합니다.

04

에이전트와 집짓기

오늘의 프로젝트
에이전트로 건축 재료를 모아 집짓기

'에이전트 체험판' 월드의 7번째 미션을 수행하여 에이전트로 건축 재료를 모은 후 8번째 미션을 수행하면서 은신처와 집을 짓는 방법을 알아봅시다. 혹시라도 에이전트를 다루는 방법이 익숙하지 않다면 에이전트 체험판 월드의 미션을 처음부터 차근차근 다시 수행해 봅시다.

STEP 1 　미션 7- 건축 재료 모으기

7번째 미션을 수행할 곳은 광산입니다. 여기에서는 최소 50개의 블록을 모아야 합니다.

▲ '에이전트 체험판'의 7번째 미션

▲ 7번째 미션의 시작점

▲ STEP 1 미리보기

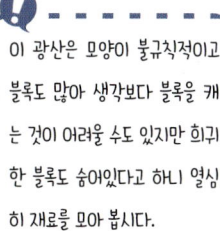
이 광산은 모양이 불규칙적이고 블록도 많아 생각보다 블록을 캐는 것이 어려울 수도 있지만 희귀한 블록도 숨어있다고 하니 열심히 재료를 모아 봅시다.

3. 에이전트 기본 사용법

에이전트를 미션의 시작점으로 이동시킨 후, 정사각형 모양으로 1층부터 차근차근 파 봅시다. 우선 앞으로 26칸 정도 이동하면서 블록을 채굴하도록 코드를 만들어 봅시다.

▲ 앞으로 이동하며 채굴하기

콕콕 포인트

인벤토리를 비워 주세요!

7번째 미션의 목적은 건축 재료가 되는 블록 50개를 모으는 겁니다. 그런데 지금 만드는 코드로는 광산을 전부 캘 수 있어서 3층을 채굴할 즈음이면 에이전트의 인벤토리가 꽉 차게 됩니다.

에이전트의 인벤토리가 꽉 차기 전에 채굴한 아이템들을 플레이어의 인벤토리로 옮겨 봅시다. 그래야 에이전트가 다시 아이템을 수집할 수 있습니다.

그 후 방향을 돌려 다시 한 줄을 채굴하는 방식으로 13회를 반복하면 가로, 세로가 26칸인 정사각형 모양으로 1층의 블록을 채굴할 수 있습니다.

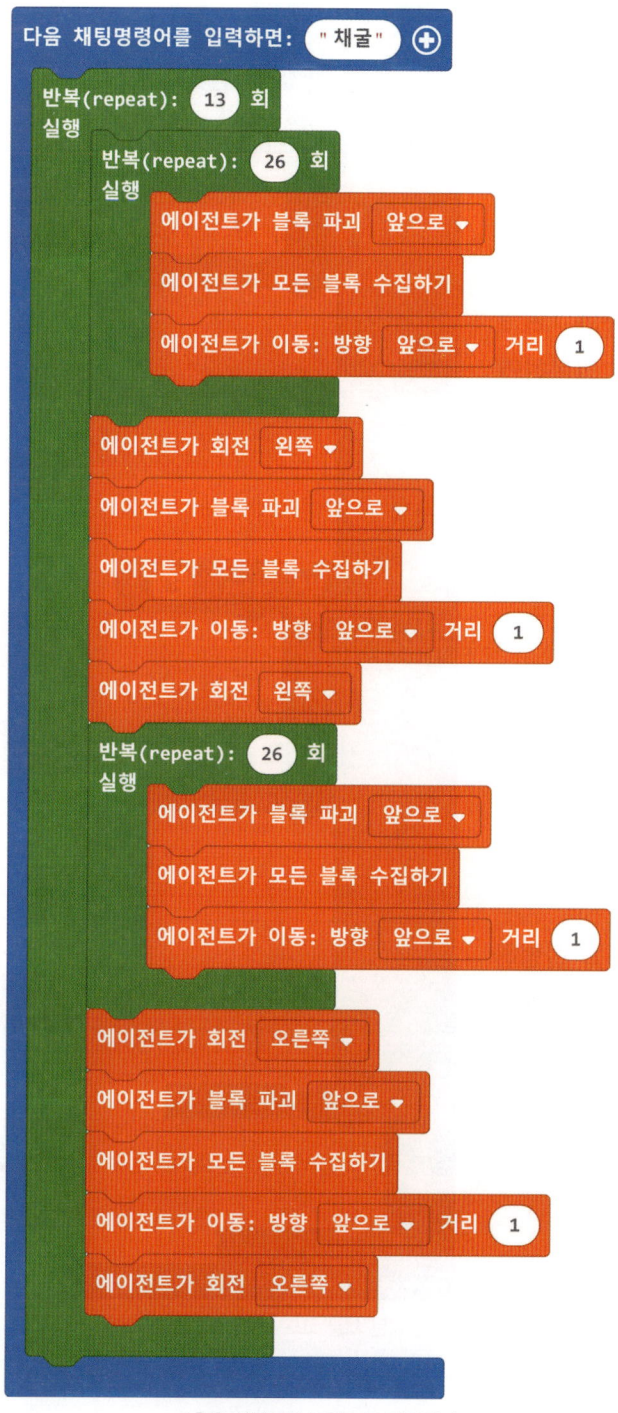

▲ 1층을 정사각형 모양으로 채굴하기

3. 에이전트 기본 사용법

> 에이전트가 플레이어보다 빠르지만 그렇다고 순식간에 채굴을 완료하는 것은 아니기 때문에 느긋하게 다른 활동을 하면서 기다려 줍시다.

이번에는 에이전트를 오른쪽으로 26칸 이동하게 만든 뒤, 에이전트를 공중으로 한 칸 띄워서 2층으로 보냅시다. 그러면 에이전트가 높이만 1칸 다를 뿐 처음 시작 지점과 같은 곳에 있게 됩니다. 그 후에 1층을 캤던 코드를 반복하면 2층을 전부 캘 수 있습니다.

이 광산은 16층으로 이루어져 있으므로 1층씩 채굴하는 코드를 16회 반복하면 광산 꼭대기까지 모두 채굴할 수 있습니다.

완성된 코드를 실행하면 상당히 넓은 범위를 에이전트가 알아서 채굴합니다.

```
다음 채팅명령어를 입력하면: "채굴"
반복(repeat): 16 회 실행
    반복(repeat): 13 회 실행
        반복(repeat): 26 회 실행
            에이전트가 블록 파괴  앞으로
            에이전트가 모든 블록 수집하기
            에이전트가 이동: 방향  앞으로  거리 1
        에이전트가 회전  왼쪽
        에이전트가 블록 파괴  앞으로
        에이전트가 모든 블록 수집하기
        에이전트가 이동: 방향  앞으로  거리 1
        에이전트가 회전  왼쪽
        반복(repeat): 26 회 실행
            에이전트가 블록 파괴  앞으로
            에이전트가 모든 블록 수집하기
            에이전트가 이동: 방향  앞으로  거리 1
        에이전트가 회전  오른쪽
        에이전트가 블록 파괴  앞으로
        에이전트가 모든 블록 수집하기
        에이전트가 이동: 방향  앞으로  거리 1
        에이전트가 회전  오른쪽
    에이전트가 이동: 방향  오른쪽  거리 26
    에이전트가 이동: 방향  up  거리 1
```

▲ 완성된 '채굴' 코드

04 에이전트와 집짓기

STEP 2 미션 8 - 은신처 만들기

8번째 미션은 은신처를 만드는 것입니다. 왼쪽에 지어져 있는 은신처처럼 1층은 '정글나무 원목', 2층은 '돌', 3층과 지붕은 '화강암'을 사용해 은신처를 지어 봅시다. 앞에 놓인 상자 안에 은신처를 짓는데 필요한 블록이 충분히 담겨 있습니다.

▲ STEP 2 미리보기

▲ 8번째 미션의 시작점

▲ '에이전트 체험판'의 8번째 미션

> 안내판 아래의 상자에 담긴 블록과 오른쪽 은신처 터의 집 꾸미기 아이템을 모두 에이전트 인벤토리에 넣어준 후, 시작 지점으로 에이전트를 이동시킵니다.

1단계 1층 짓기

먼저 에이전트의 인벤토리에서 필요한 재료의 슬롯 번호를 확인해야 합니다.

정글나무 원목은 슬롯 3, 돌은 슬롯 1, 화강암은 슬롯 2에 있습니다. [에이전트] 카테고리의 (에이전트가 ~ 슬롯을 활성화) 코드블록으로 슬롯 3을 활성화해야 정글나무 원목을 사용할 수 있습니다.

▲ 에이전트의 슬롯 확인

▲ 은신처 터를 위에서 내려다본 모습

> 에이전트를 마우스 오른쪽 버튼으로 클릭하면 에이전트의 인벤토리를 확인할 수 있습니다.

3. 에이전트 기본 사용법

에이전트가 자신의 앞쪽에 블록을 놓으면, 방금 놓은 블록에 막혀 앞으로 이동할 수 없습니다. 에이전트를 공중으로 한 칸 띄운 후, 발아래에 블록을 두면 해결됩니다.

먼저 채팅창에 '1층'이라고 명령어를 입력하면 에이전트가 4칸 앞으로 이동한 후, 오른쪽으로 방향을 바꿔 블록을 2칸 놓습니다. 그런 다음 왼쪽으로 회전하여 4칸, 다시 왼쪽으로 회전하여 4칸, 또 왼쪽으로 회전하여 4칸 블록을 놓습니다. 마지막으로 다시 왼쪽으로 회전하여 2칸 블록을 놓으면 1층 벽을 완성할 수 있습니다.

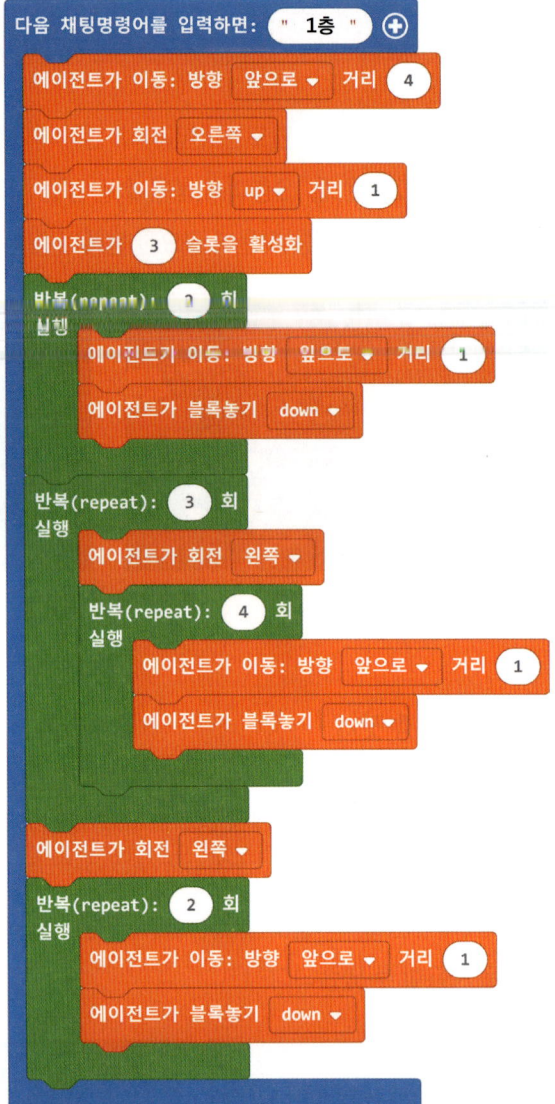

▲ 완성 코드: 은신처 1층 짓기

2단계 2, 3층 짓기

1층을 만드는 코드에 계속 코드블록을 끼워 넣으면 코드가 너무 길어져 복잡해집니다. 2층과 3층, 지붕을 만드는 코드는 나눠서 만들도록 합시다.

2층은 돌, 3층은 화강암으로 지으려고 합니다. 원하는 블록으로 건축을 하려면 먼저 해당 블록이 있는 슬롯을 [에이전트가 ~ 슬롯을 활성화] 코드블록으로 활성화해야 합니다.

▲ 완성 코드: 은신처 2층 짓기   ▲ 완성 코드: 은신처 3층 짓기

3단계   지붕 만들기

이제 지붕을 만들 차례입니다. 왼쪽의 은신처와 똑같은 지붕을 만들려면 높이는 4층에서 가로와 세로 각각 3칸인 사각형 모양으로 만들면 됩니다. 3층까지 건축을 완료한 상태에서 에이전트가 어떻게 움직이면 좋을지 생각해 봅시다.

▲ 완성 코드: 3층까지 건축을 완료한 에이전트

은신처가 꼭 필요한 이유

은신처는 마인크래프트 게임에서 아주 중요합니다. 마인크래프트의 서바이벌 모드를 플레이하다 보면 20분마다 낮과 밤이 바뀌고 밤에는 괴물들이 튀어나옵니다. 밤이 되면 은신처로 돌아와 침대 위에 누우면 밤이 금방 지나가게 되어서 안전하게 게임을 플레이할 수 있어요. 게다가 플레이어가 실수로 죽게 되었을 때 은신처가 있다면 은신처의 침대 위에서 안전하게 깨어날 수 있지요.

04 에이전트와 집짓기

에이전트를 공중으로 한 칸 띄우고 발아래에 블록을 놓도록 코드를 만들어 봅시다.

```
다음 채팅명령어를 입력하면: "지붕" ⊕
에이전트가 2 슬롯을 활성화
에이전트가 이동: 방향 up▼ 거리 1
에이전트가 이동: 방향 앞으로▼ 거리 1
에이전트가 회전 왼쪽▼
에이전트가 이동: 방향 앞으로▼ 거리 1
에이전트가 블록놓기 down▼
반복(repeat): 3 회 실행
    반복(repeat): 2 회 실행
        에이전트가 이동: 방향 앞으로▼ 거리 1
        에이전트가 블록놓기 down▼
    에이전트가 회전 왼쪽▼
에이전트가 이동: 방향 앞으로▼ 거리 1
에이전트가 블록놓기 down▼
에이전트가 회전 왼쪽▼
에이전트가 이동: 방향 앞으로▼ 거리 1
에이전트가 블록놓기 down▼
```

▲ 완성 코드: 은신처 지붕 짓기

지금까지 만든 은신처와 왼편에 이미 지어져 있는 은신처를 비교해 보면 차이점이 있습니다. 우리가 만든 은신처는 창문이나 출입문이 없습니다. 창문과 출입문을 만들려면 어떻게 에이전트를 움직이면 좋을지 생각해 보고 코드를 수정해 봅시다.

> 코드를 만들기 전에 에이전트의 방향과 움직임을 먼저 생각해 봅니다.

3. 에이전트 기본 사용법

프로젝트 업그레이드 | 미션 9 - 나만의 집짓기(자유 놀이)

▲ 업그레이드 미리보기

에이전트 체험판의 마지막 미션인 9번째 미션은 '자유 놀이'입니다. 샌드 박스(Sand Box)에서 여러분이 원하는 집을 만들어 봅시다. 8번째 미션에서 만들었던 은신처를 떠올리며 새로운 은신처를 만들어도 좋고, 조금 더 복잡한 집을 지어도 좋습니다. 직접 집을 설계하기 어렵다면 NPC들이 살고 있는 마을의 집을 참고해도 좋습니다.

▲ 에이전트 체험판의 마지막 미션

▲ NPC 마을의 집 외부

▲ NPC 마을의 집 내부

어떤 모양으로 집을 지을지 결정한 후 재료를 고릅니다. 에이전트의 방향과 움직임을 먼저 생각하면서 코드를 작성해 보세요.

> 선택한 재료는 에이전트 인벤토리로 미리 옮겨줍니다.

게임모드를 서바이벌 모드가 아닌 크리에이티브 모드로 설정하면 다양한 블록으로 샌드 박스에서 자유 놀이를 즐길 수 있습니다.

> 크리에이티브 모드에서는 원하는 모든 블록을 무제한으로 사용할 수 있습니다.

게임 중에 모드를 변경하려면 〈Esc〉 키를 누른 뒤 〈설정〉 버튼을 클릭합니다. 설정 창에서 [월드 〉 게임] 메뉴를 선택한 뒤, [기본 게임 모드] 또는 [개인 게임 모드]를 '서바이벌'에서 '크리에이티브'로 바꾸면 됩니다.

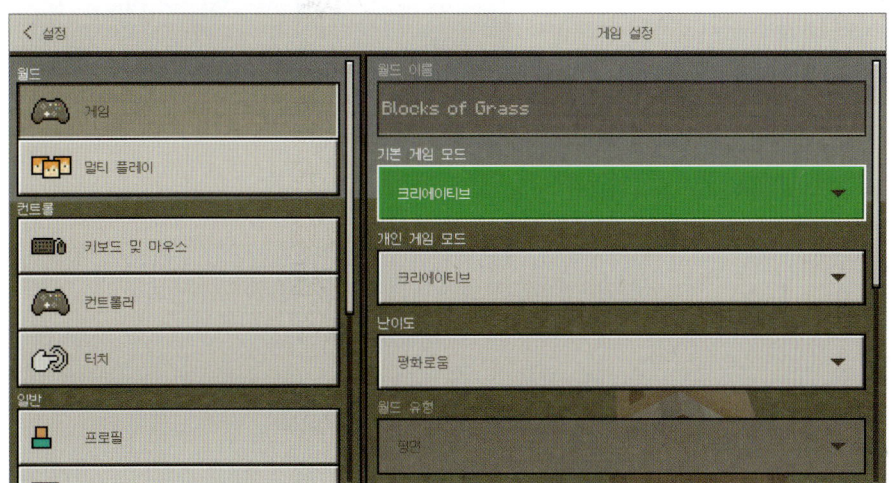

▲ '설정' 창에서 게임 모드를 크리에이티브 모드로 바꾸기

3. 에이전트 기본 사용법

스스로 해결하기 | 성벽 세우기

▲ 스스로 해결 미리보기

'수원 화성'의 성벽을 참고하여 높고 긴 대규모의 성벽 건축을 시작해 봅시다.

마인크래프트에서 가장 재미있는 것 중 하나는 역시 대형 건축물을 만드는 것입니다. 대형 건축물을 만들려면 가장 기본이 되는 벽을 세우는 방법부터 알아야 합니다. 에이전트와 함께 대형 성벽을 세워 봅시다.
성벽 바깥쪽에는 적들을 상대할 수 있는 구멍이 꼭 필요합니다. 공격 장소가 군데군데 뚫려있도록 코딩해 봅시다.

▲ 코드 실행 중 모습: 성벽을 쌓고 있는 에이전트

▲ 코드 실행을 완료한 모습: 코드를 반복 실행하여 길게 세워진 성벽

정리가 쏙쏙

1. 원하는 블록으로 건축을 하려면 해당 블록이 있는 슬롯을 활성화하는 코드 블록을 사용해야 합니다. 다음 중 슬롯을 활성화하는 코드블록은 무엇인가요?

   [에이전트가 회전 왼쪽 ▼]   [에이전트가 블록놓기 down ▼]   [에이전트가 ◯ 슬롯을 활성화]

해답이 솔솔

1. 3번

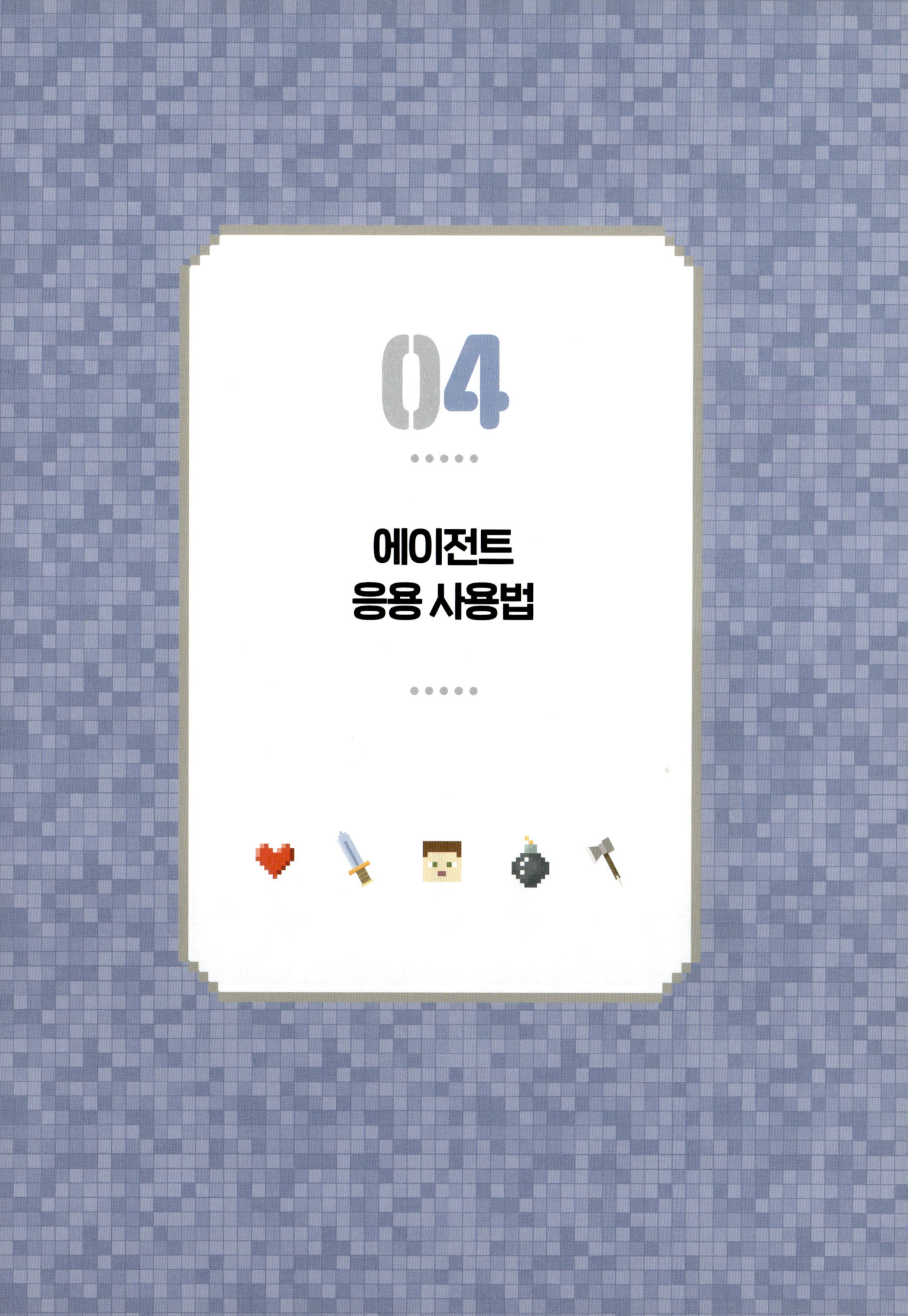

01

에이전트와 미로 탈출하기

🔆 오늘의 프로젝트
미로에서 에이전트 구출하기

이번 시간에는 미로에 갇힌 에이전트가 스스로 빠져나갈 수 있도록 코드를 작성해 보겠습니다. 우선 미로가 필요하겠죠? 미로를 만들기 위해 새로운 월드를 만들어 줍니다. 기본 게임 모드는 '크리에이티브', 월드 유형은 '평면'으로 설정하고, 치트 설정에서 '항상 낮'을 활성화합니다.

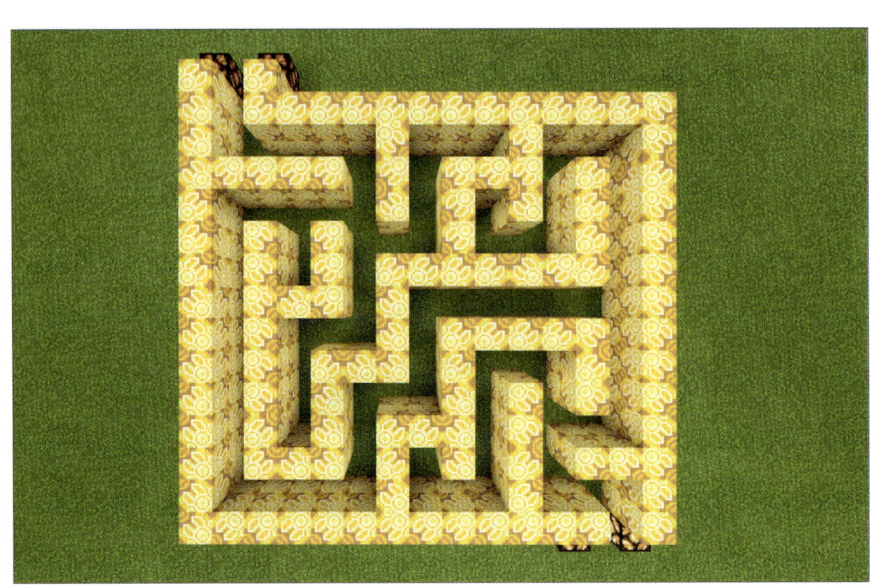

▲ 미로 예시

01 에이전트와 미로 탈출하기

STEP 1   미로를 만들고 탈출하는 법 알아보기

새로 만든 월드에 먼저 미로를 만들어 봅시다. 원하는 재료를 선택해 에이전트 인벤토리에 넣어주고, 에이전트가 미로를 건설하도록 코드를 작성해 봅시다. 너무 쉽게 빠져나오지 못하도록 적당히 복잡한 미로를 만들어 봅시다.

▲ STEP 1 미리보기

▲ 오른손 법칙을 활용한 미로 탈출 경로

미로를 빠져 나가는 방법 중에는 '오른손 법칙'이라는 것이 있습니다. 오른손 법칙이란 미로에서 오른쪽 벽면을 계속 따라가다 보면 출구를 발견할 수 있는 미로 탈출 방법입니다.

글과 그림만으로는 이해하기 어려울 수 있습니다. 직접 만든 미로 속으로 들어가 오른쪽 벽면을 계속 따라가 봅시다. 오른쪽 벽면을 계속 따라가다 보면 결국 출구를 발견하게 됩니다. 이 방법으로 에이전트가 미로를 탈출하도록 코드를 만들어 봅시다.

▲ 오른손 법칙으로 미로 탈출하기

> 반대로 '왼손 법칙'은 미로에서 왼쪽 벽면을 따라가면서 출구를 찾는 탈출 방법입니다.

오른손 법칙으로 빠져나갈 수 없는 미로도 있어요!

미로가 여러 개의 층으로 이루어져 있을 경우에는 오른손 법칙 또는 왼손 법칙으로 탈출구를 찾지 못할 수도 있습니다. 미로를 만들 때는 1층으로 만들어 주세요.

▲ 오른손 법칙으로 빠져나갈 수 없는 미로

오른손 법칙 이해하기

미로를 빠져나가는 코드를 만들기 전에 오른손 법칙에 대해 자세히 알아봅시다. 미로 내부의 벽면은 막혀 있는 곳과 뚫려 있는 곳의 위치에 따라 아래 그림과 같이 8가지 유형으로 나눌 수 있습니다. 오른손 법칙으로 이 8가지 유형을 세 종류로 다시 분류할 수 있습니다. 어떻게 분류할 수 있을까요?

▲ 미로 벽면의 8가지 유형

오른쪽이 뚫려 있는 경우

오른쪽이 뚫려 있는 경우는 4가지입니다. 이 경우에는 오른쪽 방향으로 꺾어서 이동하면 됩니다.

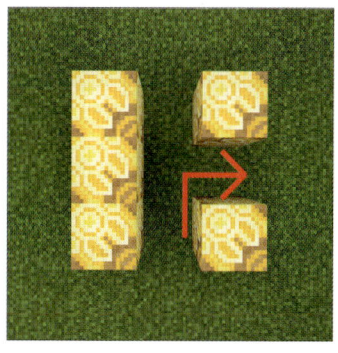 

오른쪽이 막혀 있고, 앞쪽이 뚫려 있는 경우

오른쪽이 막혀 있고, 앞쪽이 뚫려 있는 경우는 2가지입니다. 이 경우에는 그대로 앞쪽으로 이동하면 됩니다.

그 밖의 경우

오른쪽과 앞쪽이 막혀 있는 경우에는 왼쪽으로 한 번 회전한 후 다시 상황을 판단합니다.

4. 에이전트 응용 사용법

STEP 2 오른손 법칙으로 미로 탈출하기

▲ STEP 2 미리보기

1단계 오른쪽이 뚫려 있는 경우

오른쪽에 길이 있다면 오른쪽으로 회전한 뒤 앞으로 1칸 이동하도록 코드를 만들어 봅시다.

에이전트가 오른쪽에 길이 있는 경우를 판단할 수 있어야 하므로 [논리] 카테고리에서 〔만약(if) 참(true)이면 실행(then) 아니면 실행(else)〕 코드블록과 〔반대로(not)〕 코드블록, 그리고 [에이전트] 카테고리의 〔에이전트가 블록 탐지〕 코드블록을 사용해 봅시다.

▲ 에이전트가 오른쪽에 길이 있는지를 탐지하는 코드

조건을 만족하는 경우, 즉 오른쪽에 길이 있는 경우에 에이전트가 오른쪽으로 회전해서 앞으로 한 칸 이동하도록 코드블록을 추가합니다.

▲ 오른쪽에 길이 있을 경우, 에이전트가 오른쪽으로 회전하여 앞으로 1칸 이동하는 코드

2단계 오른쪽이 막혀 있고, 앞쪽이 뚫려 있는 경우

[논리] 카테고리의 (그리고(and)) 코드블록으로 한 번에 두 가지 경우를 판단합니다.
(에이전트가 블록 탐지) 코드블록의 옵션을 수정해 봅시다.

에이전트가 오른쪽이 막혀 있는지 탐지하는 조건과 앞이 뚫려 있는지 탐지하는 조건을 (그리고(and)) 코드블록으로 연결하면 조건이 완성됩니다.

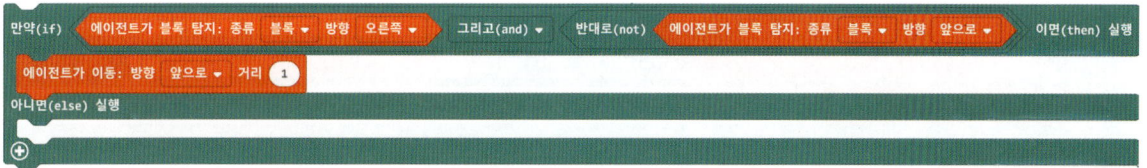

▲ 오른쪽이 막혀 있고, 앞쪽이 뚫려 있는지를 탐지하는 코드

(만약(if) 참(true)이면 실행(then) 아니면 실행(else)) 코드블록에 지금 작성한 조건을 끼워 넣고, 조건을 만족하는 경우에 에이전트가 앞으로 1칸 이동하도록 코드를 만들어 봅시다.

▲ 오른쪽이 막혀 있고 앞쪽에 길이 있는 경우, 에이전트가 앞으로 1칸 이동하는 코드

1단계에서 만든 코드의 '**아니면(else) 실행**' 부분에 2단계에서 만든 코드를 사용합니다.

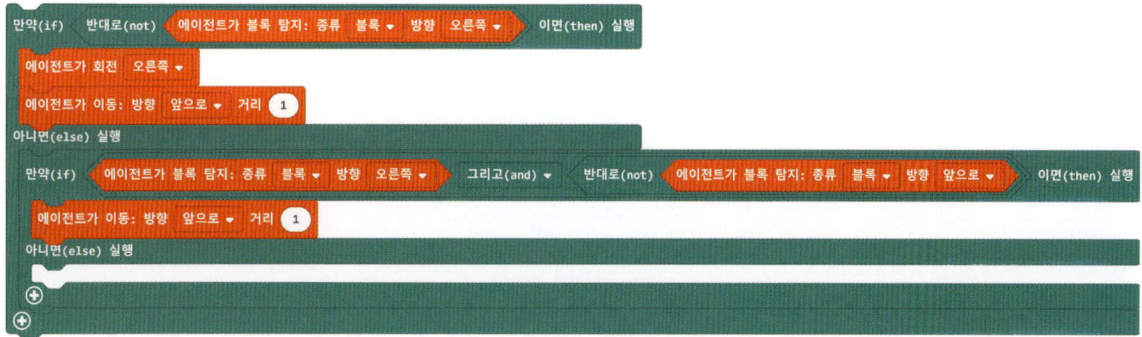

▲ 완성 코드: 2단계

4. 에이전트 응용 사용법

3단계 그 밖의 경우

> 오른쪽과 앞쪽이 모두 막혀 있는 경우에는 왼쪽으로 방향을 틀어 이동하거나 왔던 길을 되돌아가야 합니다.

마지막 경우는 따로 조건을 만들어줄 필요 없이 앞에서 만들었던 코드의 안쪽 〔**만약(if) 참(true)이면 실행(then) 아니면 실행(else)**〕 코드블록의 '아니면(else) 실행' 부분에 〔**에이전트가 회전: 왼쪽**〕 코드블록을 추가하면 됩니다. 첫 번째, 두 번째 조건을 만족하지 않는 모든 경우에 왼쪽으로 회전하도록 명령을 내리는 것입니다.

에이전트는 매 순간 조건을 확인하며 출구를 찾아야 하기 때문에 지금까지 만든 코드가 계속해서 실행될 수 있도록 [반복] 카테고리의 〔**무한 반복 실행**〕 코드블록을 사용합니다.

▲ 완성 코드: 오른손 법칙으로 미로 탈출하기

01 에이전트와 미로 탈출하기

> **프로젝트 업그레이드** 왼손 법칙으로 미로 탈출하기

왼손 법칙도 오른손 법칙과 같은 원리이기 때문에 어렵지 않게 코드를 만들 수 있습니다. 왼손 법칙으로 에이전트가 미로를 탈출하도록 오른손 법칙을 이용한 미로 탈출 코드를 조금만 수정해 봅시다.

▲ 업그레이드 미리보기

▲ 완성 코드: 왼손 법칙으로 미로 탈출하기

4. 에이전트 응용 사용법

스스로 해결하기 | 발자취 남기기

▲ 스스로 해결 미리보기

미로를 탈출하다 보면 왔던 길을 되돌아가야 할 때도 있습니다. 하지만 왔던 길인지 아니면 막힌 길이었는지 기억하기가 어렵습니다.

만약 지나온 길을 표시해 준다면 어떨까요? 헨젤과 그레텔 이야기에서 숲을 헤맬 때 빵 조각을 길에 떨어뜨린 것처럼 방문한 곳에 표시를 해 둡시다.

에이전트가 지나간 바닥을 '짙은 참나무'로 바꾸어 주는 코딩을 해 봅시다. 지나간 곳에 자신의 발자취를 남기면 미로를 빠져나갈 때 도움이 될 것입니다.

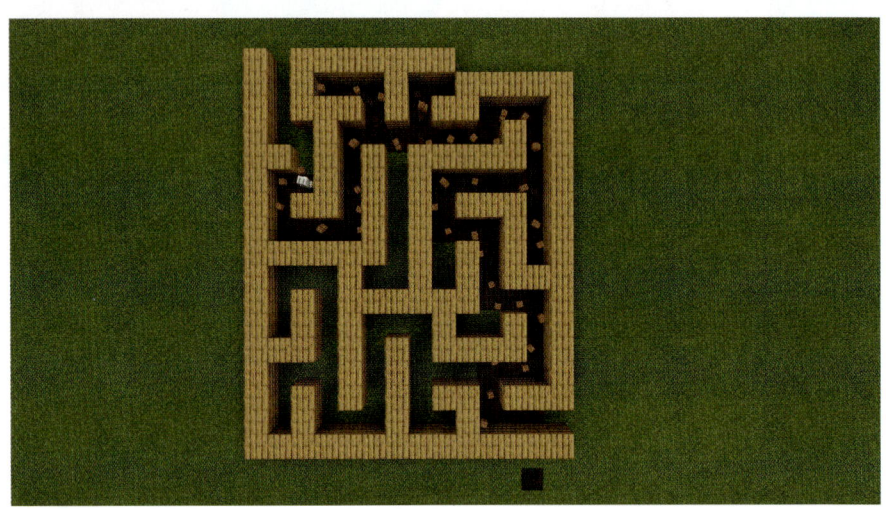
▲ 지나간 길을 짙은 참나무로 바꾸는 에이전트

해답이 솔솔

1. [그리고]
2. 없는

정리가 쏙쏙

- 다음 문제를 읽고 맞는 것에 동그라미해 봅시다.

1. 한번에 두 가지 경우를 판단할 때 [논리] 카테고리의 ([그리고] / [반대로]) 코드블록을 사용합니다.
2. 에이전트가 오른쪽에서 블록을 탐지했다는 것은 오른쪽에 길이 (있는 / 없는) 것입니다.

02

에이전트와 농장 가꾸기

> 💡 **오늘의 프로젝트**
> ## 에이전트로 자동 수확하기

이번 시간에는 에이전트가 호박과 사탕수수 농사를 짓도록 코딩을 해 봅시다. 다른 작물과 달리 호박과 사탕수수는 한 번 심어 놓으면 다시 심을 필요 없이 계속해서 수확할 수 있습니다. 사탕수수에서 추출한 사탕과 달걀을 호박에 더하면 '호박파이'를 만들 수 있고 호박을 횃불과 조합하면 '호박등'을 만들 수도 있습니다.

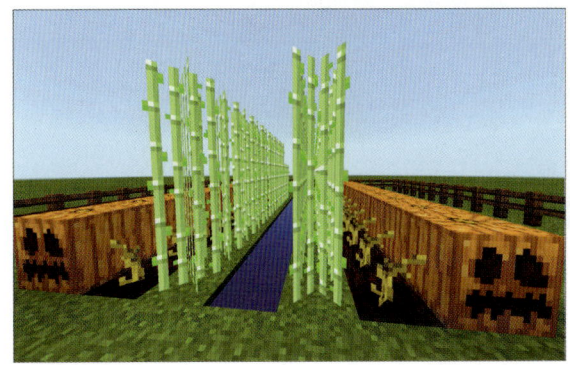
▲ 호박과 사탕수수

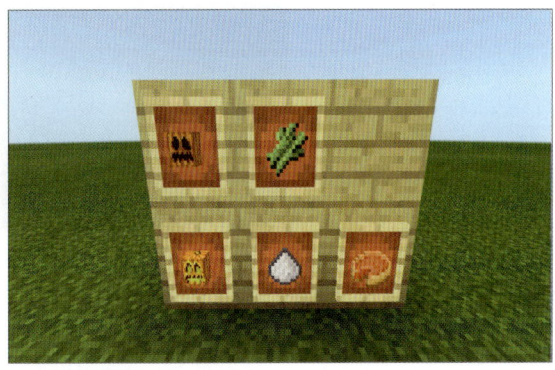
▲ 호박등과 사탕, 호박파이

4. 에이전트 응용 사용법

> **STEP 1** 호박 수확하기

▲ STEP 1 미리보기

먼저 '잔디 블록' 템플릿으로 새 월드를 만듭니다.
호박씨를 경작된 땅에 심은 뒤, 물과 적절한 빛을 제공하면 호박 줄기로 자라나고, 호박 줄기 주변에 호박이 열립니다.

먼저 아래 그림처럼 작은 밭을 만들고 '호박씨'를 심어 봅시다. 밭의 길이는 8칸으로 만들고 나무판자를 둘러 호박이 바깥쪽으로 자라나는 것을 방지합시다.

동물들이 밭에 들어와 농사를 망치지 않도록 밭 주변에 울타리도 쳐야 합니다. 플레이어가 직접 밭을 만들어도 되지만 앞에서 배운 내용을 활용하여 에이전트가 밭을 만들도록 코드를 작성해 봅시다.

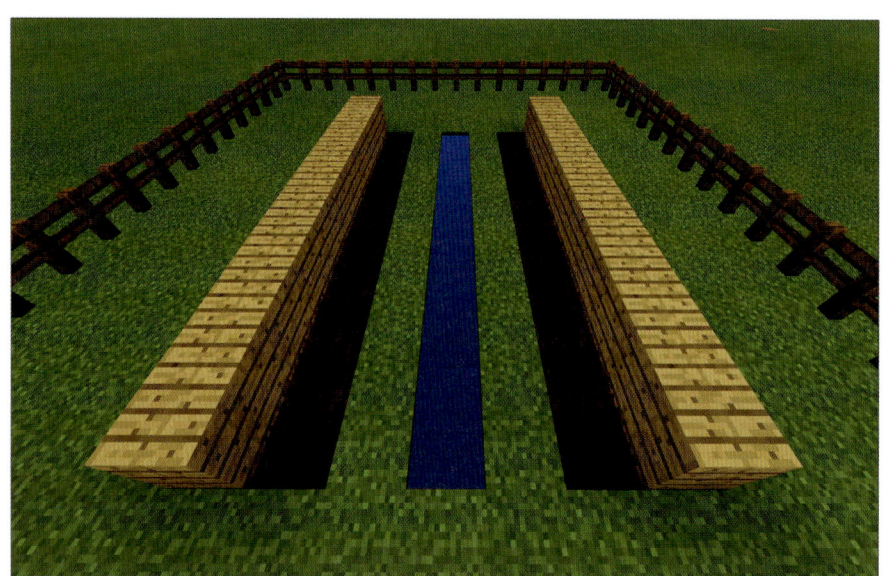

▲ 호박을 심을 밭 만들기

02 에이전트와 농장 가꾸기

호박은 더디 자라기 때문에 많은 시간을 기다려야 수확할 수 있습니다. 이럴 때 '**뼛가루**' 아이템을 사용하면 호박을 빠르게 성장시킬 수 있습니다. 플레이어가 직접 뼛가루를 뿌려도 되지만 에이전트가 뼛가루를 뿌리도록 코딩해서 '호박씨'를 '호박 줄기'로 키워 봅시다.

▲ 에이전트로 뼛가루 뿌리기

이제 에이전트가 호박을 수확하도록 코드를 작성해 봅시다. 에이전트를 밭 가운데로 이동한 후에 시작합니다. 채팅창에 명령어 '수확'을 입력하면 에이전트가 밭 가운데를 왔다 갔다 하면서 좌우의 호박을 수확하도록 코드를 만들어 보겠습니다.

▲ 호박 수확하기

호박 줄기에 호박이 열리는 것도 시간이 오래 걸리기 때문에 호박을 호박 줄기 옆에 적당히 꺼내 놓고 수확을 연습해 봅시다.

밭에서 동물 쫓아내기

동물들이 밭을 밟거나 점프를 하면 작물이 파헤쳐지고 경작한 땅은 다시 흙이 됩니다. 이 때문에 밭 주변에 울타리를 둘러줘야 합니다. 울타리를 치는 것이 번거롭다면 게임 규칙을 바꿔 동물들이 나타나지 않도록 할 수도 있습니다. 채팅창에 '/gamerule allowmobs false'라고 입력하면 됩니다.

▲ 명령어로 동물이 나타나지 않도록 설정하기

4. 에이전트 응용 사용법

1단계 좌우의 호박 수확하기

> 천하무적 에이전트가 울타리를 부수고 나오지 않도록 에이전트를 정확히 이동시킨 후에 채팅명령어를 실행하도록 합니다.

에이전트가 왼쪽과 오른쪽에 블록이 있는지 탐지하고, 블록이 탐지되면 파괴한 후에 수집하는 코드를 만들어 봅시다.

```
만약(if) 에이전트가 블록 탐지: 종류 [블록▼] 방향 [왼쪽▼] 이면(then) 실행
    에이전트가 블록 파괴 [왼쪽▼]
    에이전트가 모든 블록 수집하기
```

▲ 에이전트가 왼쪽 블록을 확인하는 코드

```
만약(if) 에이전트가 블록 탐지: 종류 [블록▼] 방향 [오른쪽▼] 이면(then) 실행
    에이전트가 블록 파괴 [오른쪽▼]
    에이전트가 모든 블록 수집하기
```

▲ 에이전트가 오른쪽 블록을 확인하는 코드

2단계 밭의 끝까지 이동하면서 호박 수확하고 돌아오기

1단계처럼 코드를 작성하면 에이전트가 왼쪽과 오른쪽의 호박을 수확하면서 1칸씩 앞으로 이동하게 됩니다.

밭의 길이는 8칸입니다. 에이전트가 밭의 끝에 도착하면 되돌아올 수 있도록 방향을 바꿔주어야 합니다. 1단계에서 만든 코드를 〔반복(repeat): ~회 실행〕 코드블록 안에 끼워 넣고 코드를 완성해 봅시다.

```
다음 채팅명령어를 입력하면: "수확"
반복(repeat): 2 회 실행
    반복(repeat): 8 회 실행
        만약(if) 에이전트가 블록 탐지: 종류 블록 방향 왼쪽 이면(then) 실행
            에이전트가 블록 파괴 왼쪽
            에이전트가 모든 블록 수집하기
        만약(if) 에이전트가 블록 탐지: 종류 블록 방향 오른쪽 이면(then) 실행
            에이전트가 블록 파괴 오른쪽
            에이전트가 모든 블록 수집하기
        에이전트가 이동: 방향 앞으로 거리 1
    에이전트가 회전 왼쪽
    에이전트가 회전 왼쪽
```

▲ 완성 코드: 호박 수확하기

아니면 다 파괴해버리자!

에이전트가 좌우의 호박을 탐지하지 않고 무조건 블록을 파괴해서 수집하도록 코드를 작성해도 결과는 사실상 같습니다.

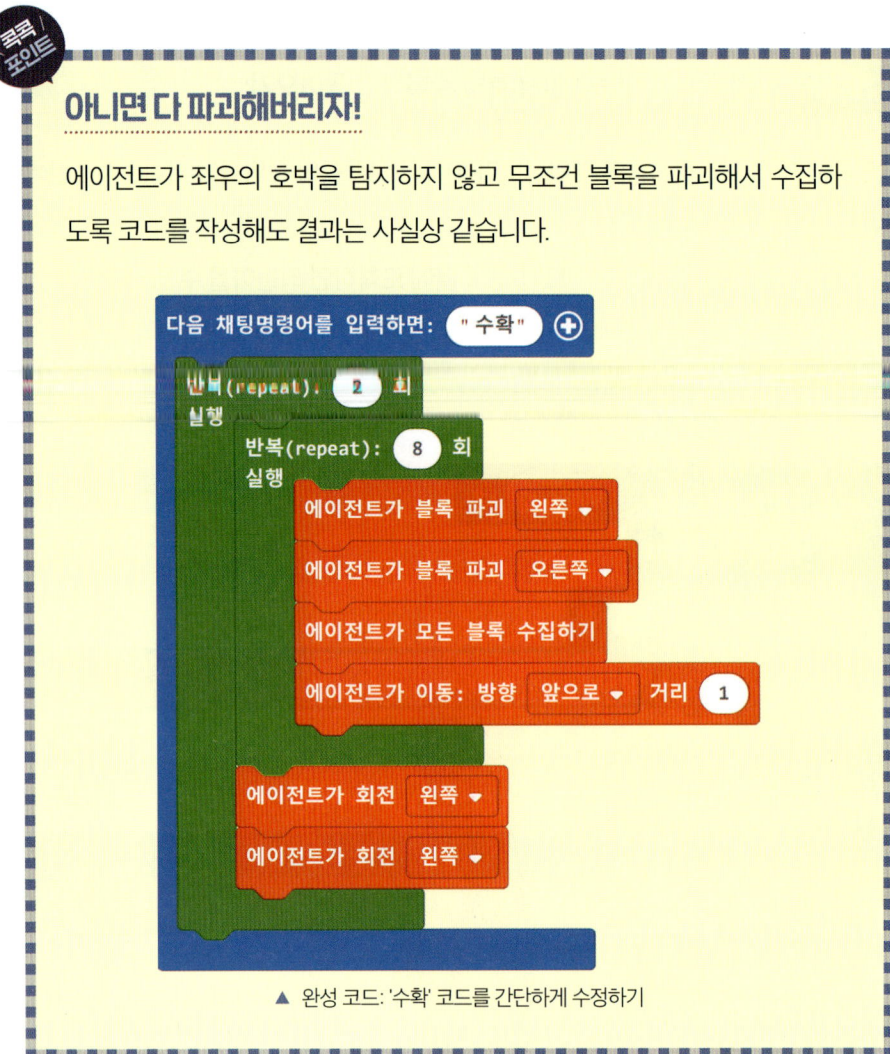

▲ 완성 코드: '수확' 코드를 간단하게 수정하기

STEP 2 사탕수수 수확하기

이번에는 사탕수수를 수확해 봅시다. 사탕수수는 땅에서 두 칸 높이까지 자랍니다. 따라서 사탕수수의 중간을 파괴하면 아랫부분은 남겨 놓은 채로 윗부분의 사탕수수만 수확할 수 있습니다.

▲ STEP 2 미리보기

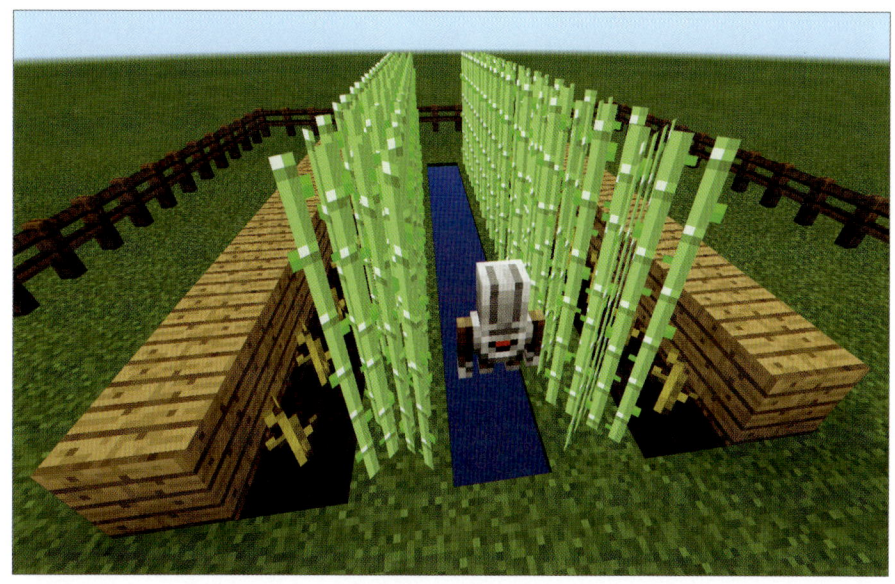

▲ 사탕수수 심기

사탕수수는 흙이나 모래 위에 바로 심을 수 있어서 땅을 경작하지 않아도 됩니다. 대신 1칸 이내에 반드시 물이 있어야만 사탕수수를 심을 수 있습니다. 뼛가루를 사용하거나 사탕수수 위에 사탕수수를 또 심으면 사탕수수를 빨리 자라게 할 수도 있습니다.

> 사탕수수를 심고 자랄 때까지 기다리려면 오래 걸리니 이번에도 사탕수수를 꺼내 놓고 에이전트에게 수확하도록 해 봅시다.

4. 에이전트 응용 사용법

프로젝트 업그레이드 | 여러 작물을 한꺼번에 수확하기

▲ 업그레이드 미리보기

한 번의 명령으로 여러 작물을 한꺼번에 수확할 수 있다면 훨씬 편리합니다. 이를 위해서는 밭을 만들 때부터 동시 수확하는 것을 고려해야 합니다. 앞에서 만들어 두었던 밭의 모양을 조금 바꾸어 호박과 사탕수수를 동시에 수확할 수 있도록 해 봅시다.

1단계 여러 작물을 수확하기 위한 밭 구상하기

에이전트가 지나가는 길에 사탕수수를 심고, 사탕수수를 위한 물길은 지하에 만들어 봅시다. 호박을 위한 물길은 바깥쪽에 만들어서 호박이 안쪽으로 자랄 수 있도록 합니다.

▲ 호박과 사탕수수를 동시에 수확할 수 있는 밭 만들기

2단계 여러 작물을 수확하는 코드 만들기

앞에서 만들었던 '수확' 코드를 조금 수정해서 여러 작물을 한꺼번에 수확해 봅시다. 에이전트가 지나가는 길에 사탕수수를 심었기 때문에 앞쪽의 블록을 수집하도록 코드를 만들어 추가합니다.

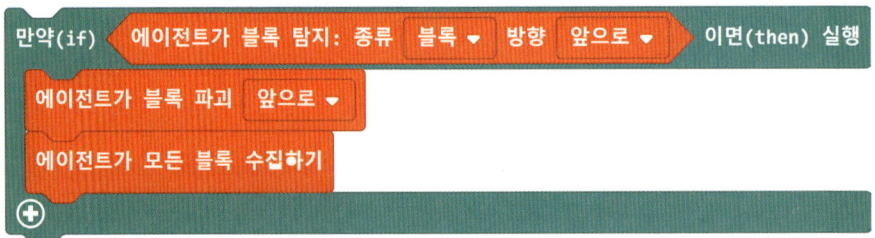
▲ 에이전트가 앞쪽 블록을 확인하는 코드

116

앞쪽 블록을 확인하고 수집하는 코드를 기존 코드에 추가해서 '수확' 코드를 완성해 봅시다.

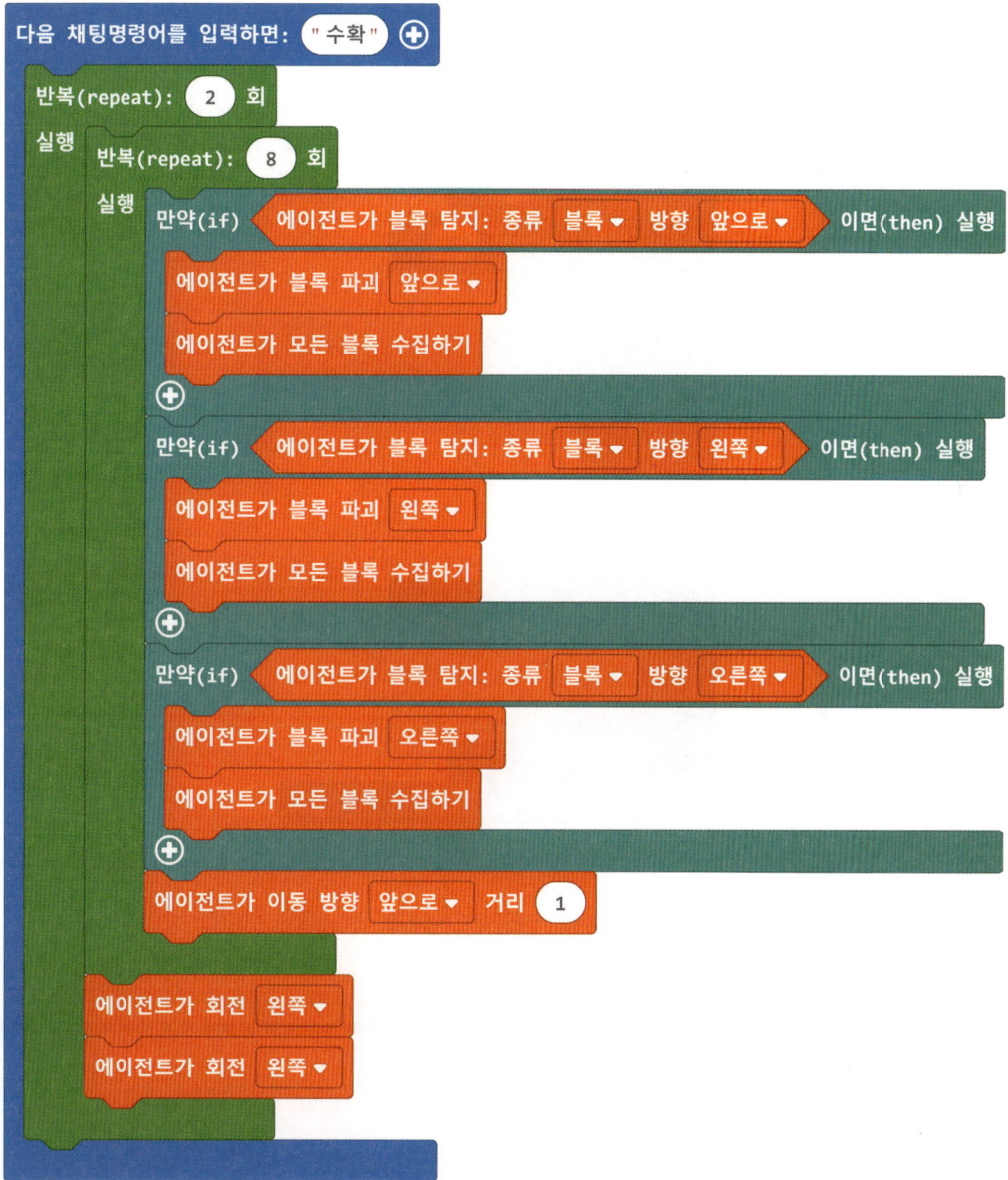

▲ 완성 코드: 사탕수수와 호박을 한꺼번에 수확하기

이번에도 다 파괴해버리자!

블록이 있는지 탐지하지 않아도 무조건 블록을 파괴하고 수집하도록 코드를 작성할 수도 있습니다.

▲ 완성 코드: '수확' 코드를 간단하게 수정하기

지금까지 만든 코드를 수정해서 다양한 농작물이 자라는 멋진 농장을 가꾸고, 작물을 수확해 봅시다.

스스로 해결하기 | 수확한 작물 저장하기

에이전트는 27개의 슬롯을 가지고 있고 한 슬롯당 64개의 아이템을 저장할 수 있으므로 총 1,728개의 아이템을 저장할 수 있습니다. 자동으로 작물을 수확하는 에이전트가 이보다 더 많은 작물을 저장하게 만들고 싶다면 호퍼와 상자 아이템을 이용합시다.

▲ 스스로 해결 미리보기

호퍼는 깔때기처럼 아이템을 아래 또는 옆 방향으로 이동시키는 역할을 합니다. 아래 그림과 같이 상자를 설치하고 그 위에 호퍼를 설치하면 호퍼 위에 떨어진 아이템이 자동으로 상자로 들어갑니다.

호퍼를 설치할 때는 보내고 싶은 곳을 향하게 하여 <Shift>와 함께 마우스 우클릭을 하면 됩니다.

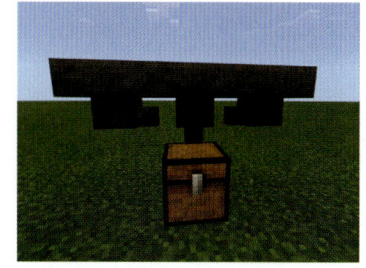
▲ 아래 또는 옆으로 아이템을 보내는 호퍼

에이전트가 모은 작물들을 호퍼 위에 떨어뜨리게 하여 상자에 자동으로 보관하는 코드를 만들어 봅시다.

▲ 코드 실행 중 모습: 모은 아이템을 호퍼 위로 떨어뜨리는 에이전트

정리가 쏙쏙

1. 에이전트가 블록을 파괴하고 수집한 후 다음 칸의 블록을 파괴하려면 ( ) 코드블록을 사용해서 앞으로 한 칸 나가야 합니다. ( )안에 들어갈 올바른 코드블록을 찾아 표시해 보세요.

   [에이전트 이동: 방향 앞으로▼ 거리 1]   [에이전트가 블록 파괴 앞으로▼]

2. 에이전트의 방향을 반대쪽으로 바꾸려면 (에이전트가 회전{왼쪽}) 코드블록을 [ ] 번 나열해 주어야 합니다. 빈 칸을 채워 보세요.

해답이 솔솔

1. [에이전트가 이동: 방향{앞으로} 거리 {1}]

2. 2

메이크코드&마인크래프트 프로젝트!

01

서바이벌 모드에서 살아남기

오늘의 프로젝트
채굴하고 탐지하기

M:EE 서바이벌 모드에서 플레이어가 살아남기 위해서는 쉬지 않고 광물을 수집하거나, 먹을 것을 찾으면서 탐험해야 합니다. 에이전트가 대신 땅을 파고, 광물을 수집하도록 지시하는 코드를 만들어 봅시다. 또한 땅을 파지 않고도 필요한 광물을 찾아낼 수 있도록 광물 탐지기도 만들어 봅시다. 광물 탐지기로 원하는 광물을 찾고 에이전트를 활용해 광물을 수집할 수 있습니다.

STEP 1 에이전트에게 채굴시키기

▲ STEP 1 미리보기

M:EE 서바이벌 모드에서 광물을 모으는 채굴 작업은 단순한 일을 반복해야 하는 지루하고 힘든 작업입니다. 에이전트를 활용해 반복 작업을 편리하게 해 봅시다.

1단계 '땅파기' 채팅명령어 만들기

'땅파기'라는 채팅명령어와 숫자를 입력하면 명령이 실행되도록 코드를 만들어 봅시다. 이때 입력하는 숫자는 '땅을 파는 깊이를 결정할 값'으로 '층'이라는 변수에 저장합니다. 그리고 [에이전트] 카테고리의 [에이전트가 플레이어에게 텔레포트] 코드블록으로 에이전트를 플레이어가 있는 곳으로 텔레포트시켜 줍시다.

> 에이전트를 텔레포트시키기 전에 땅을 파고 싶은 위치로 플레이어를 먼저 이동시켜 줍니다.

에이전트가 이동하는 곳에 장애물이 있다면 (에이전트가 {이동한 곳에 블록 놓기} {거짓}) 코드블록을 이용해 파괴해 봅시다. {이동한 곳에 블록 놓기}를 클릭해서 {장애물을 파괴하기}로 옵션을 변경해 줍니다. 마찬가지로 {거짓} 조건을 {참}으로 바꾸어 줍니다.

▲ '땅파기' 채팅명령어 만들기

2단계 계단식으로 땅파기

이제 본격적으로 에이전트가 땅을 파도록 만들어 봅시다. 반복해서 땅을 파기 위해서 채팅명령어와 함께 입력받는 숫자, 즉 '층' 변수를 이용합니다. 땅을 팔 때는 오르내리기 편리하도록 계단식으로 파 내려가는 것이 좋습니다. 따라서 앞으로 '1', 아래로 '1'만큼 이동하도록 지정해 줍니다.

▲ 계단식으로 땅 파기

3단계 조금 넓게 땅파기

작성한 코드를 실행해 보면 에이전트가 아래로 이동하면서 땅을 파지만 길이 좁아 답답해 보입니다. 에이전트가 이동하면서 한 칸 앞쪽의 블록을 파괴할 수 있도록 코드블록을 추가해 봅시다. 코드를 실행해 보면 이전보다 넓게 땅을 파 내려가는 것을 볼 수 있습니다.

▲ 조금 넓게 땅파기

4단계 채굴하기

에이전트가 땅을 파기만 하는 것은 플레이어에게 아무런 도움이 되지 않습니다. 땅을 파면서 발견한 블록들을 모을 수 있도록 [에이전트가 모든 블록 수집하기] 코드블록을 [반복(repeat): ~회 실행] 코드블록 안에 있는 에이전트의 모든 움직임 뒤에 추가해 봅시다. 또한 에이전트가 작업을 다 마치면 플레이어에게 돌아올 수 있도록 텔레포트를 시켜 줍시다.

완성된 코드를 실행해 봅시다. '땅파기 3'이라고 입력해 봅시다. 에이전트가 땅을 파 내려가며 열심히 채굴하는 모습을 볼 수 있습니다. 이제부터 귀찮았던 채굴 작업을 에이전트에게 맡겨 봅시다.

채팅창에 명령어 '땅파기'만 입력하면 에이전트가 움직이지 않습니다. 몇 층을 파야 하는지 지정해 주지 않았기 때문입니다. '땅파기+층'을 입력해야 합니다.

▲ '땅파기' 코드 실행 결과

에이전트를 마우스 오른쪽 버튼으로 클릭하면 에이전트가 수집한 광물을 볼 수 있고, <Shift> 키를 누른 상태에서 수집한 광물을 클릭하면 플레이어의 인벤토리로 옮길 수 있습니다.

▲ '땅파기' 완성 코드

STEP 2 광물 탐지기 만들기

▲ STEP 2 미리보기

에이전트를 시켜 채굴을 하다 보면 필요 없는 광물도 잔뜩 모으게 됩니다. 필요한 광물들만 골라 채굴할 수 있다면 얼마나 좋을까요? 필요한 광물들이 있는지 찾아주는 '광물 탐지기'를 만들어 봅시다.

1단계 '탐지' 채팅명령어 만들기

> 새로운 변수를 만들 때는 [변수] 카테고리에서 <변수 만들기> 버튼을 클릭하고 변수 이름을 지정해 주면 됩니다.

플레이어의 현재 위치를 기준으로 바로 아래쪽의 광물을 탐지하는 광물 탐지기를 만들어 보겠습니다. '탐지'라는 채팅명령어를 만들고, '입력값'과 '층'이라는 **변수**를 만듭니다. [**채팅창에 말하기**] 코드블록을 사용하여 정상적으로 광물을 탐지 중이라는 것을 알려주도록 합시다.

2단계 '입력값'을 또 다른 변수에 저장하기

> '층'은 반복할 때마다 한 칸씩 더 깊게 탐지하도록 숫자를 변경해 주어야 하기 때문에 '층'이라는 변수를 따로 만들어 주었습니다.

[다음 채팅명령어를 입력하면] 코드블록 오른쪽의 '+'를 클릭해서 '입력값' 변수를 선택합니다. 채팅명령어와 함께 입력받은 '입력값'은 [~에 ~ 저장] 코드블록으로 '층'이라는 변수에 저장해 줍니다. '층'은 지하 몇 칸까지 탐지할 것인지를 결정하는 변수입니다.

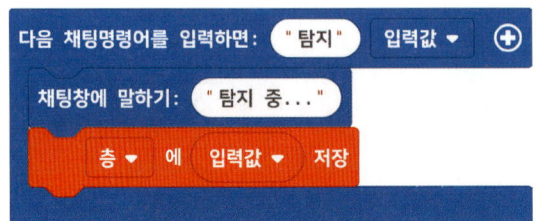
▲ '입력값'을 또 다른 변수에 저장하기

3단계 원하는 블록 탐지하기

[반복] 카테고리에서 [반복(repeat): ~회 실행]을 가져와 반복 실행 횟수를 지정해 줍니다. 반복 작업은 '입력값'만큼 실행하도록 지정해 줍니다.

이제 조건을 만족할 때 코드가 실행될 수 있도록 만들어 줍니다. [논리] 카테고리의 (만약(if) ~이면(then) 실행) 코드블록을 에디터 영역으로 가져온 후, [블록] 카테고리의 (블록 탐지~ 위치~) 코드블록을 꺼내 끼워 넣습니다. 탐지할 블록은 '석탄 광석'으로 지정해 봅시다.

▲ 탐지할 블록 지정하기

> 탐지할 블록의 위치는 플레이어의 아래쪽이므로 y좌표만 신경쓰면 됩니다.

4단계 '광물 탐지기' 완성하기

이제 블록을 탐지할 방향을 지정합니다. (블록 탐지) 코드블록의 위치 옵션에서 y좌표를 직접 입력하는 대신 [계산] 카테고리에서 (곱하기) 코드블록을 가져와 끼웁니다. 광물 탐지기가 아래쪽 방향을 탐지할 수 있도록 변수 '층'에 '-1'을 곱해서 변숫값을 음수로 바꿔줍니다.

> 만약 채팅명령어와 함께 음수를 입력하면 어떻게 될까요? 반복문에서 음수를 처리하지 못하기 때문에 제대로 탐지할 수 없을 겁니다.

▲ 블록을 탐지할 방향 지정하기

이제 [채팅창에 말하기] 코드블록을 이용해서 지하 몇 층에서 광물을 탐지했는지 채팅창에 보여주도록 코드를 만들어 봅시다. [문자열] 카테고리의 [연결한 문자열] 코드블록으로 변수로 지정한 '층'의 값과 함께 광물을 찾았다는 메시지를 보여주도록 합시다.

마지막으로, 플레이어 아래쪽 모든 층에서 탐지 작업을 반복해서 실행할 수 있도록 변수 '층'의 값이 '-1'씩 변경되도록 지정해 줍니다. 탐지 작업의 반복 실행이 끝나면 채팅창에 탐지가 끝났다는 메시지도 보여줍니다.

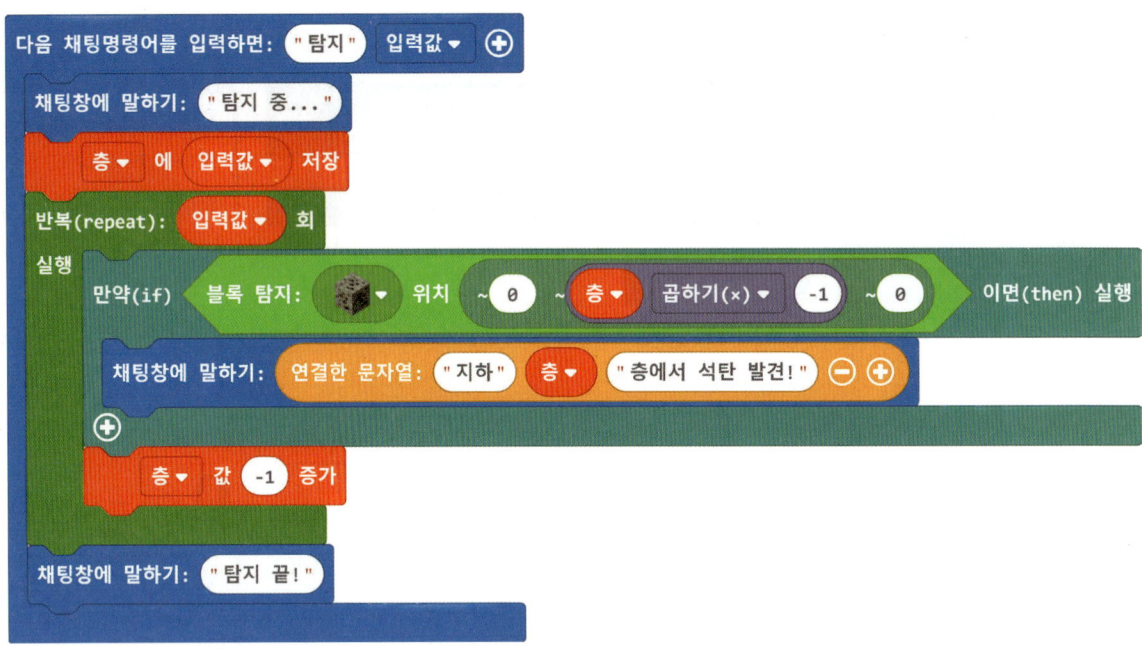

▲ '광물 탐지기' 완성 코드

완성된 코드를 실행한 후, 결과를 확인해 보세요.

만약 플레이어의 아래쪽에 석탄 광석이 없다면 '탐지 중'이라는 메시지 다음에 '탐지 끝!'이라는 메시지가 바로 표시됩니다. 플레이어의 위치를 움직이면서 코드를 실행해 보세요.

▲ '탐지' 코드 실행 결과

01 서바이벌 모드에서 살아남기

프로젝트 업그레이드 | 탐지기 발전시키기

광물 탐지기를 이용하면 석탄이나 철, 황금 등의 광물뿐만 아니라 물이나 용암 등의 장애물들도 탐지할 수 있어 편리합니다. 다양한 장애물을 찾아내고 더 넓은 곳을 탐지할 수 있도록 탐지기를 업그레이드해 봅시다.

▲ 업그레이드 미리보기

1단계 '동굴 탐지기' 만들기

지하에서 공기 블록이 탐지된다는 것은 어떤 의미일까요? 지하에 비어 있는 공간, 바로 동굴이 있다는 것입니다. 동굴에는 자원이 많이 모여 있기 때문에 마인크래프트에서 동굴을 찾는다는 것은 큰 행운입니다.

앞에서 만든 광물 탐지기 코드를 조금만 바꾸면 동굴 탐지기를 만들 수 있습니다.

> 마인크래프트에서 공기 블록은 실제 공기처럼 비어 있는 공간을 채우고 있습니다. 즉, 지하에 공기 블록이 있다는 것은 비어 있는 공간이 있다는 뜻입니다.

▲ '동굴 탐지기' 코드

2단계 '고성능 탐지기' 만들기

광물 탐지기를 사용하면 원하는 광물들을 빠르게 탐지할 수 있지만 플레이어의 바로 아래쪽만 탐지하기 때문에 생각만큼 편리하지 않습니다.

〔만약(if) ~이면(then) 실행〕코드블록으로 조건을 만들 때, [논리] 카테고리의 〔또는〕 코드블록으로 탐지 범위를 넓혀 봅시다. 〔또는〕 코드블록은 지정한 두 가지 조건 중에 어느 한 가지라도 만족하게 되면 '참'으로 처리하는 코드블록입니다. 따라서 보다 넓은 범위에서 원하는 광물을 탐지할 수 있게 됩니다.

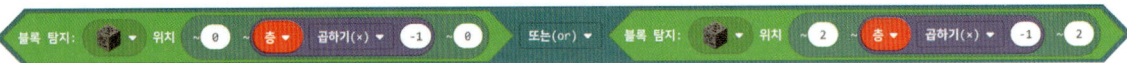

▲ 〔또는〕 코드블록으로 블록 탐지 범위 넓혀주기

탐지 범위를 더 넓히고 싶다면 〔또는〕 코드블록 오른쪽의 블록 탐지 좌표를 조정하면 됩니다. 간단한 코드 수정으로 원하는 만큼 탐지 범위를 지정할 수 있는 광물 탐지기를 만들 수 있습니다.

▲ 탐지 범위를 조정할 수 있는 '고성능 탐지기' 코드

01 서바이벌 모드에서 살아남기

스스로 해결하기 — 광물이 탐지된 곳으로 이동하기

광물을 탐지했다면 광물이 발견된 곳으로 이동하는 코드를 작성해 봅시다. 플레이어가 광물을 잘 볼 수 있도록 찾아낸 광물 층 위에 있는 모든 블록은 없애도록 합니다.

▲ 스스로 해결 미리보기

광물이 발견되는 층은 여러 곳일 수 있기 때문에 가장 마지막에 발견되는 층으로 이동하도록 하세요. 광물이 발견되는 층을 따로 변수로 저장해야 순간이동하는 명령에서 불러올 수 있습니다.

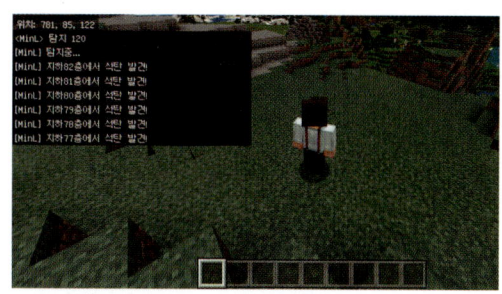
▲ 코드 실행 중 모습

▲ 코드 실행을 완료한 모습

정리가 쏙쏙

1. 새로운 변수를 만들 때 사용하는 코드블록은 ☐ 카테고리에 있습니다.
2. (블록 탐지) 코드블록을 사용할 때 지하를 탐지하기 위해서는 xyz좌표 중 ☐ 좌푯값을 '음수'로 바꿔주면 됩니다.

해답이 솔솔

1. 변수
2. y

131

02 미니 게임 만들기

오늘의 프로젝트

보물찾기와 늑대 사냥

마인크래프트는 정해진 규칙 없이 무엇이든 할 수 있는 자유로운 게임입니다. 여러분이 원하는 대로 지형을 바꾸거나 친구들과 함께 즐길 수 있는 간단한 미니게임을 만들 수 있습니다. 지금까지 배운 내용으로 보물찾기 게임과 늑대 사냥 게임을 만들어 더욱 신나게 마인크래프트를 즐겨봅시다.

STEP 1 보물찾기 게임

▲ STEP 1 미리보기

보물찾기는 누군가가 몰래 숨겨둔 보물을 찾는 게임입니다. 마인크래프트에서도 금, 다이아몬드 등의 블록으로 보물찾기 게임을 할 수 있습니다. 보물을 숨길 장소도 마음대로 만들 수 있습니다.

[블록 채우기] 코드블록으로 보물을 숨길 흙더미를 쌓은 후, 보물을 숨겨봅시다. 바깥쪽에서 봤을 때 흙더미의 안쪽이 보이지 않기 때문에 열심히 흙을 파내야만 보물을 찾을 수 있습니다. 지금부터 보물찾기 게임을 만들어 봅시다.

▲ 보물찾기 게임을 위한 흙더미

1단계 흙더미 만들기

먼저 보물을 숨겨놓을 흙더미를 만들어 줍니다. [블록] 카테고리의 (블록 채우기) 코드블록으로 직육면체 모양의 흙더미를 만들어 주세요. 블록을 채울 위치는 절대좌표를 사용합니다.

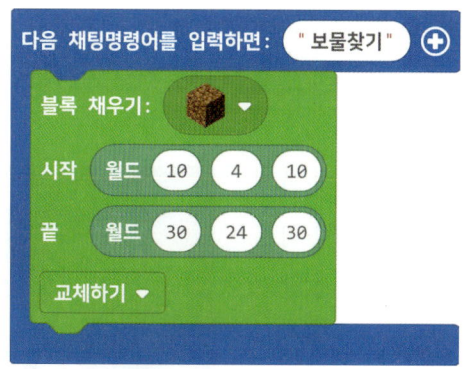

▲ 흙더미 만들기

> 보물찾기 게임을 할 인원에 맞춰 흙더미의 크기를 조절하면 더욱 재미있게 게임을 즐길 수 있습니다.

2단계 보물 숨기기

조금 전 만든 흙더미 속에 보물을 숨겨봅시다. (블록 소환) 코드블록으로 흙더미 안에 황금 광석과 다이아몬드 광석을 숨겨보겠습니다.

[위치] 카테고리의 (랜덤 위치 선택) 코드블록으로 보물을 랜덤 위치에 숨겨봅시다.
(랜덤 위치 선택) 코드블록의 좌표를 설정해서 보물을 숨길 영역을 지정해야 합니다. 블록이 흙더미의 바깥쪽으로 보이지 않도록 흙더미 크기보다 1칸 작게 시작과 끝 지점의 좌표를 지정합니다.

▲ 랜덤 위치에 보물 숨기기

> 한 명만 보물의 위치를 알고 있다면 공정한 게임이라고 할 수 없고, 보물이 흙더미 바깥쪽으로 보인다면 보물을 찾는 보람도 없을 겁니다. 랜덤 위치에 보물을 잘 숨겨봅시다.

3단계 친구 초대하기

이제 보물찾기 게임에 친구들을 초대해 봅시다. [몹] 카테고리의 (**텔레포트: 타겟 ~**) 코드블록으로 모든 플레이어가 흙더미 위에 모이도록 코드를 만들어 봅시다.

> 흙더미가 다 만들어진 후에 플레이어들이 해당 위치로 소환되니 코드를 실행한 후 조금 기다려 줍시다.

게임에 초대된 플레이어들은 각각 다른 게임 모드로 설정되어 있을 수 있으므로 친구들의 게임 모드를 서바이벌 모드로 바꿔줍니다. 땅을 팔 수 있도록 **철제 삽**과 같은 '도구'도 함께 주면 더 좋습니다.

이제 [게임플레이] 카테고리의 (게임 모드 변경), [몹] 카테고리의 (블록이나 아이템 주기) 코드블록을 사용해 코드를 완성해 보세요.

> 크리에이티브 모드인 친구는 블록을 부수기도 어렵고, 숨겨둔 보물 블록을 부숴도 아이템을 얻을 수 없습니다. 서바이벌 모드인 친구는 도구가 없어 땅을 파는 데 오랜 시간이 걸릴 수 있습니다.

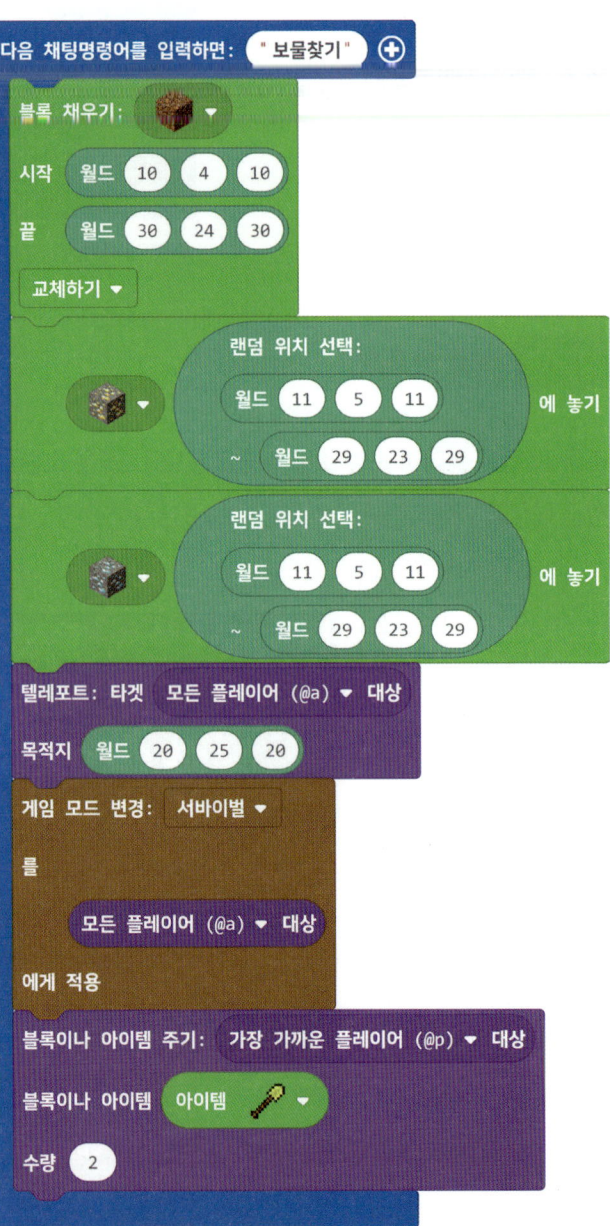

▲ 친구를 게임에 초대하기

4단계 많은 보물 숨기기

커다란 흙더미에 보물이 2개 밖에 없기 때문에 지금까지 완성된 코드로는 보물을 찾기가 상당히 어렵습니다. 더 많은 보물을 숨기려면 어떻게 해야 할까요? [반복] 카테고리의 (**반복(repeat): ~회 실행**) 코드블록으로 보물의 양을 늘릴 수 있습니다. 반복 횟수를 100회로 설정하여 200개의 보물을 숨겨봅시다.

▲ 반복 실행으로 많은 보물 숨기기

5단계 보물을 찾을 때마다 보물 주고 알림 띄우기

마지막으로 황금 광석이나 다이아몬드 광석을 캘 때마다 알림이 뜨도록 만들어 봅시다. [블록] 카테고리의 (블록이 깨지면 실행) 코드블록으로 황금 광석이 깨질 때마다 채팅창에 알림을 띄우고, 황금을 캔 사람에게 황금을 주도록 코드를 만들 수 있습니다. 다이아몬드 광석이 깨질 때도 똑같이 처리되도록 해 줍니다.

▲ 보물을 찾을 때마다 보물 주고 알림 띄우기

> 보물찾기 게임은 1~4단계에서 작성한 보물찾기 코드와 5단계에서 작성한 코드가 같이 있어야만 제대로 실행됩니다.

지금까지 보물찾기 게임을 만들어 보았습니다. 땅속 깊은 곳까지 보물을 찾다 보면 너무 어두워서 햇불이 필요할 수도 있습니다. 특정 깊이부터 플레이어들이 햇불을 찾을 수 있도록 하거나, 더 좋은 도구를 숨겨둘 수도 있습니다. 게임을 실행해 보면서 더 좋은 게임이 되도록 코드를 발전시켜 봅시다.

▲ 보물찾기 게임 실행

02 미니 게임 만들기

▲ 완성 코드: 보물찾기 게임

STEP 2   늑대 사냥 게임

▲ STEP 2 미리보기

이번에는 [몹] 카테고리에 있는 코드블록을 활용하여 소환된 늑대를 사냥하고 보상을 받는 '늑대 사냥' 게임을 만들어 보겠습니다.

1단계   사냥터 만들기

먼저 사냥터를 만들어 봅시다. 탁 트인 공간에서 사냥해도 되지만 늑대가 도망치지 못하도록 하기 위해 사냥터 주위를 용암 블록으로 채우고, 가운데를 잔디 블록으로 채워봅시다. 뜨거운 용암으로 사방이 막혀있으면 플레이어와 늑대 모두 도망치지 못하고 서로 맞서 싸워야만 합니다.

> 사냥터는 절대좌표로 만드는 것이 좋습니다.

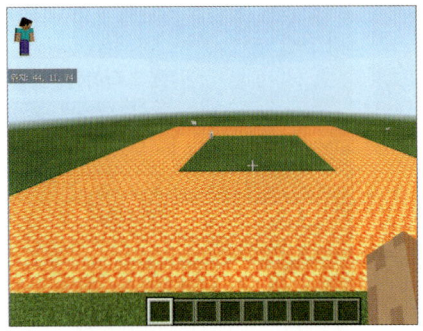
▲ 용암으로 둘러싸인 사냥터

▲ 사냥터 만들기

2단계 늑대와 플레이어 소환하기

이제 [몹] 카테고리의 [소환] 코드블록으로 사냥터에 늑대를 소환해 보겠습니다. 늑대를 소환한 후에는 플레이어를 사냥터로 텔레포트시킵니다. 플레이어를 소환하기 전에 늑대와 싸울 수 있도록 게임 모드와 난이도를 변경해 줍니다. 난이도가 '평화로움'으로 설정되어 있으면 몹이 플레이어를 공격하지 않으므로 [게임플레이] 카테고리의 코드블록을 사용하여 게임의 설정을 변경합니다. 코드를 실행한 후, 결과를 확인해 봅시다.

▲ '사냥' 게임 실행

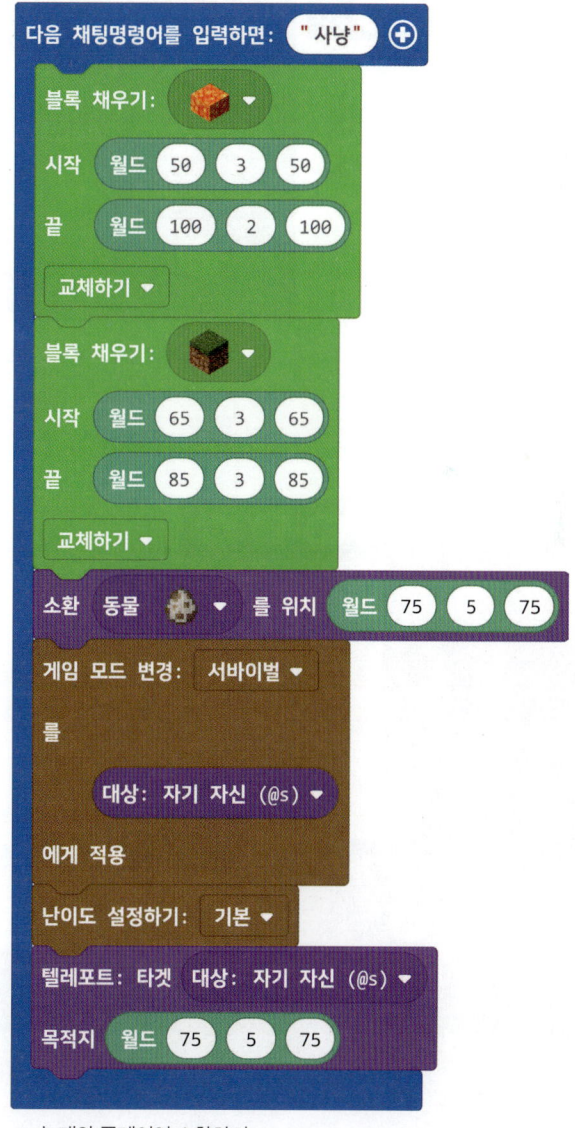

▲ 늑대와 플레이어 소환하기

5. 메이크코드&마인크래프트 프로젝트!

3단계 │ 사냥에 성공하면 보상 아이템 지급하기

> 아이템의 종류는 여러분이 만들고 싶은 게임에 따라 다르게 설정할 수 있습니다.

지금까지 작성한 코드로는 사냥에 성공해 늑대가 죽어도 보상이 없고, 새로운 늑대가 소환되지도 않습니다. 게다가 플레이어는 무기도 없이 늑대와 싸워야 합니다. [몹] 카테고리의 (몹이 죽었다면 실행) 코드블록을 사용하여 늑대가 죽을 때마다 새로운 늑대를 소환하고 (블록이나 아이템 주기) 코드블록으로 사냥에 성공할 때마다 플레이어에게 보상 아이템을 줍시다. 또한 보상 아이템은 랜덤으로 나오도록 [계산] 카테고리의 (~ 부터 ~까지의 정수 랜덤값) 코드블록을 사용합니다.

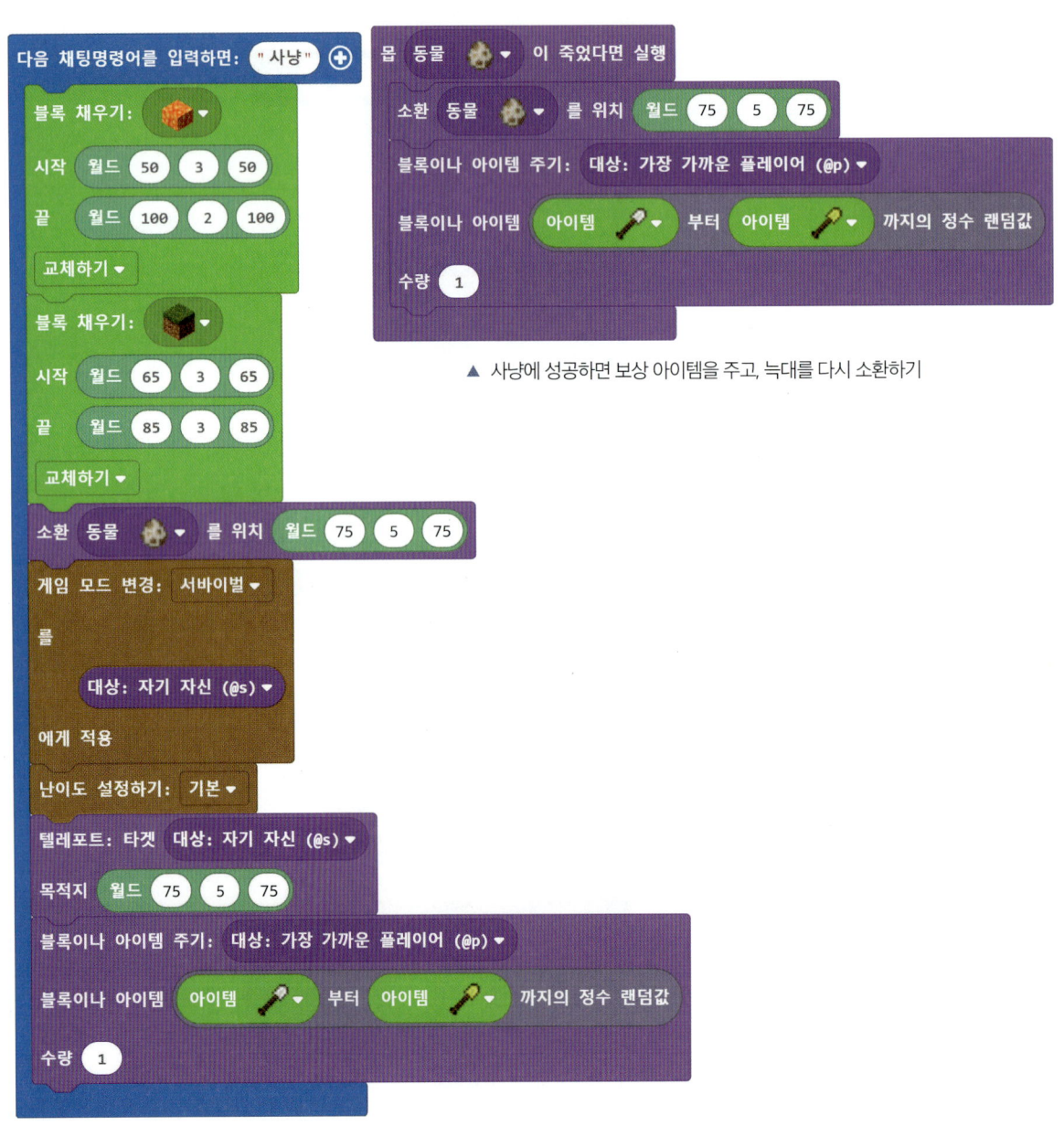

▲ 사냥에 성공하면 보상 아이템을 주고, 늑대를 다시 소환하기

4단계 플레이어가 사망하면 사냥터 철거하기

플레이어가 사망한 이후에도 용암 지대와 늑대가 남아 있으면 이동할 수 없기 때문에 불편합니다. 플레이어가 사망하면 사냥터가 사라지도록 코드를 만들어 봅시다. 플레이어가 사망하면 사냥터를 공기블록으로 채워 남아 있는 아이템과 늑대를 사라지게 하고, 용암이 있는 곳을 잔디 블록으로 채웁니다.

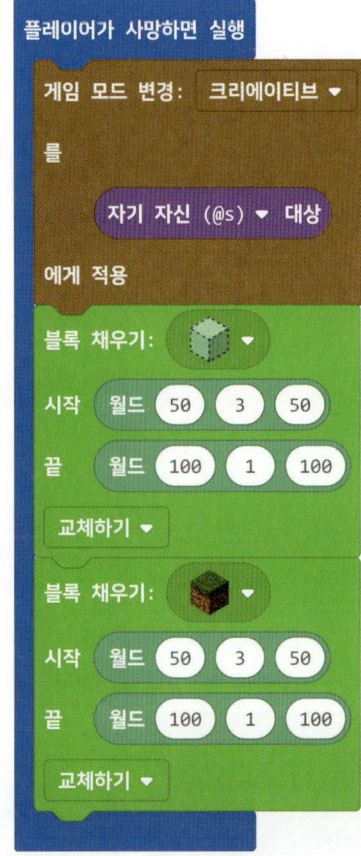

▲ 플레이어가 사망하면 사냥터를 철거하기

이제 사냥터에서 용감하게 늑대를 사냥해 봅시다.

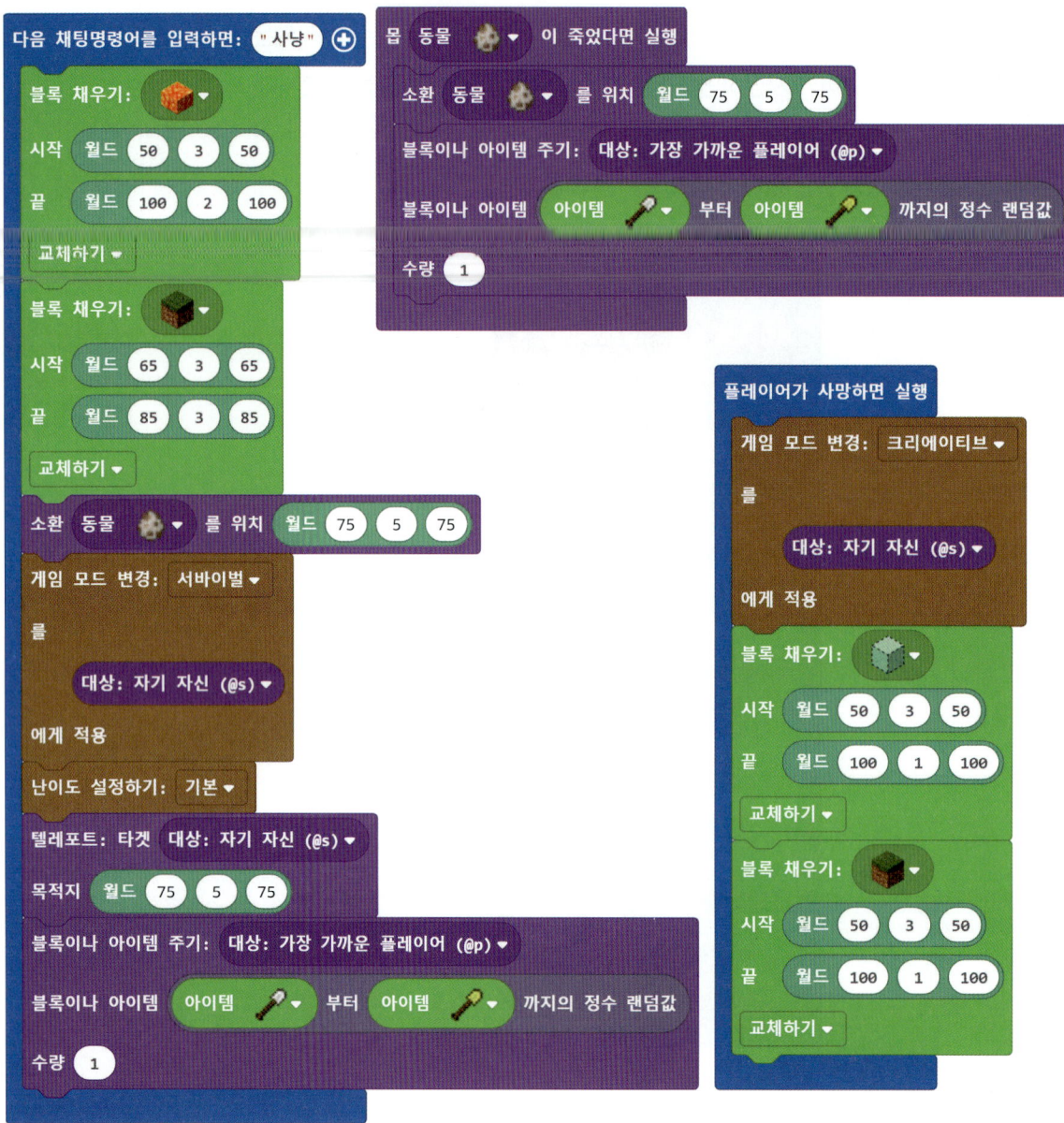

▲ 완성 코드: 늑대 사냥 게임

프로젝트 업그레이드 | 늑대 사냥 게임 업그레이드하기

변수를 만들어 사냥에 성공한 횟수를 저장하고, 채팅창에 표시되도록 늑대 사냥 게임을 업그레이드해 봅시다.

1단계 변수를 만들고 초깃값 지정하기

▲ 업그레이드 미리보기

이전에 만든 늑대 사냥 게임 코드를 조금 수정해 봅시다. '처치'라는 변수를 만들고, 〔~에 ~ 저장〕 코드블록으로 변수의 초깃값을 '0'으로 지정한 후 '사냥' 코드의 가장 아래에 넣어줍니다.

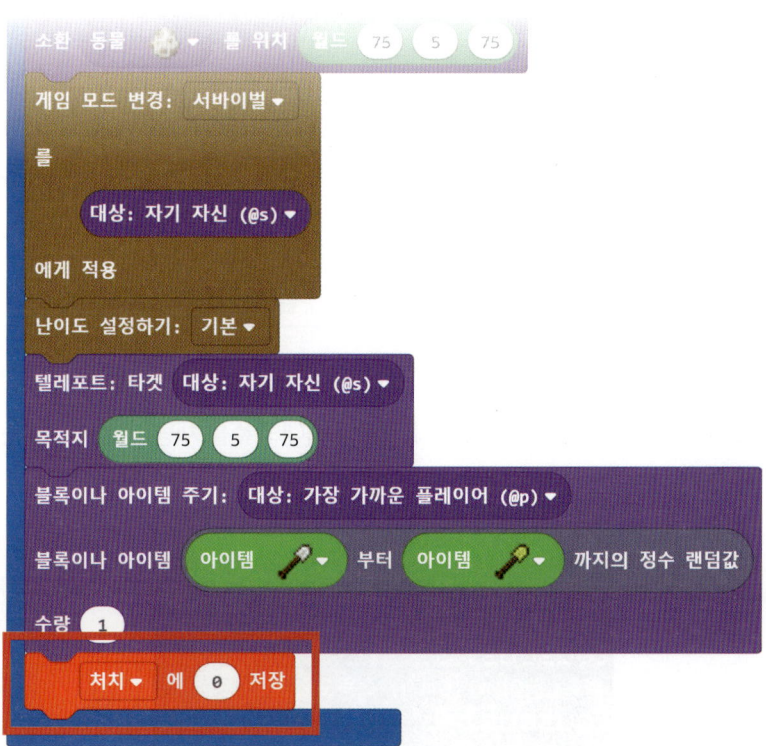
▲ 변수 '처치'를 만들고, 초깃값을 0으로 지정하기

143

5. 메이크코드&마인크래프트 프로젝트!

2단계 | 사냥에 성공할 때마다 '처치' 값 증가시키기

사냥에 성공할 때마다 '처치' 변숫값을 1씩 증가시켜 사냥에 성공한 횟수를 저장해 봅시다. 늑대가 죽었을 때 실행되는 코드의 제일 위에 [{처치} 값 {1} 증가] 코드블록을 넣어 사냥에 성공할 때마다 값이 1씩 증가하도록 설정하면 됩니다.

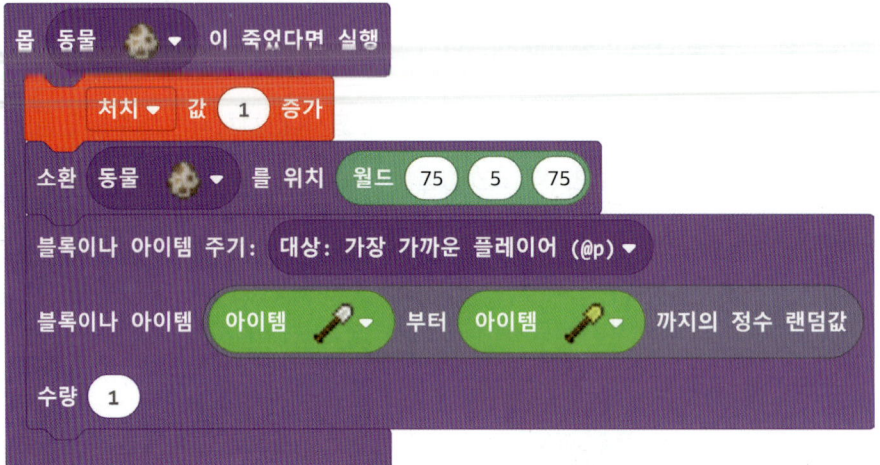

▲ 사냥에 성공할 때마다 '처치' 값 증가시키기

3단계 | 사냥에 성공할 때마다 처치한 늑대 수를 채팅창에 표시하기

[플레이어] 카테고리의 [**채팅창에 말하기**], [몹] 카테고리의 [{**변수**}**를 문자로 표시하기**] 코드블록으로 사냥에 성공할 때마다 처치한 늑대의 수를 채팅창에 표시해 줍시다.

▲ 채팅창에 처치한 늑대 수 표시하기

채팅창에 처치한 늑대 수가 표시되도록 코드를 만들어 봅시다.

▲ 사냥에 성공할 때마다 처치한 늑대 수를 채팅창에 표시하기

4단계 플레이어가 사망하면 '처치' 값을 초기화하기

마지막으로 플레이어가 죽으면, 다시 '처치' 변숫값을 '0'으로 초기화시키는 코드를 만들어 봅시다. 플레이어가 사망하면 실행되는 코드의 제일 아래에 ({처치}에 {0} 저장) 코드블록으로 변숫값을 지정해 주면 됩니다.

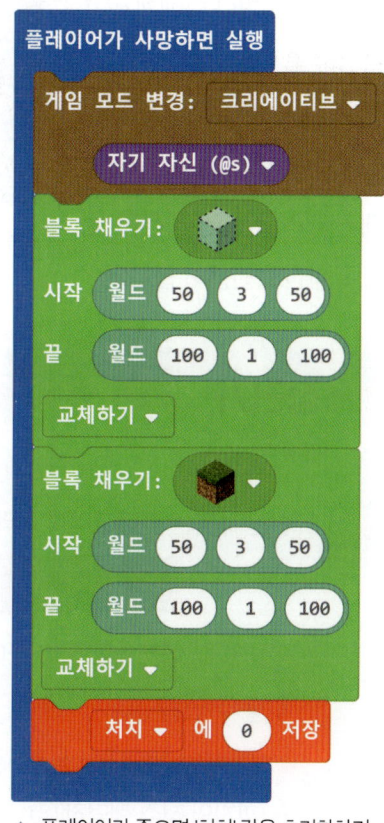

▲ 플레이어가 죽으면 '처치' 값을 초기화하기

5. 메이크코드&마인크래프트 프로젝트!

스스로 해결하기 | **서바이벌 보물찾기**

▲ 스스로 해결 미리보기

보물찾기와 늑대 사냥에서 사용한 코드를 응용해 새로운 게임을 만들어 봅시다. 흙더미 속에 랜덤으로 블록을 만들고 블록을 깨뜨렸을 때 상대방을 공격하는 명령이 실행되도록 코드를 작성해 봅시다.

❗ 게임을 해보고 어떤 블록을 숨겨 두면 재미있을지 떠올려 봅시다.

▲ 코드 실행 중 모습: 경기장과 숨은 보물을 찾는 모습

❗ 버프와 디버프는 능력을 강화시키거나 약화시킨다는 의미입니다.

경기장 안에서 여러분이 지정한 블록을 깨면 상대방에게 디버프를 주거나 나에게 버프를 주도록 만들어 봅시다.
또 어떤 블록을 깨면 하늘로 텔레포트하게 만들어 블록을 깨러 내려오는 데 시간이 들도록 함정도 만들어 봅시다.

▲ 코드 실행한 모습 – 특정 블록을 깨면 하늘로 텔레포트하는 함정

정리가 쏙쏙

해답이 솔솔

1. [몹]
2. [계산]

1. 빈칸에 맞는 카테고리를 아래 <보기>에서 찾아 넣어 봅시다.

<보기>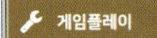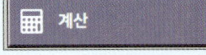

– 플레이어에게 블록이나 아이템을 주는 코드블록은 ☐ 카테고리에서 찾을 수 있습니다.

– 늑대 사냥 게임에서 성공 시 보상 아이템을 랜덤으로 줄 때 사용한 ({~}부터 {~}까지의 정수 랜덤값) 코드블록은 ☐ 카테고리에서 찾을 수 있습니다.

146

1단원 01. 에이전트 이동시키기

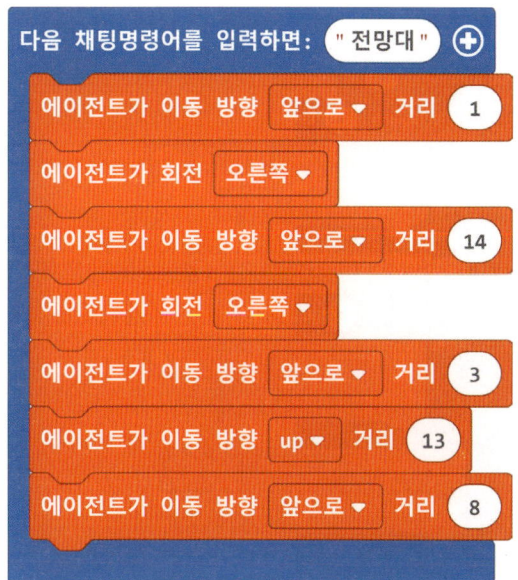

1단원 02. 에이전트와 광물 캐기

스스로 해결하기 — 해답

1단원 03. 에이전트와 농사 짓기

다음 채팅명령어를 입력하면: "가로수" ⊕

- 반복(repeat): 20 회
  실행
  - 에이전트가 1 슬롯을 활성화
  - 에이전트가 이동 방향 앞으로 거리 5
  - 에이전트가 블록놓기 뒤로
- 반복(repeat): 4 회
  실행
  - 에이전트가 2 슬롯을 활성화
  - 에이전트가 블록놓기 뒤로
- 에이전트가 회전 오른쪽
- 에이전트가 이동 방향 앞으로 거리 3
- 에이전트가 회전 오른쪽
- 반복(repeat): 20 회
  실행
  - 에이전트가 1 슬롯을 활성화
  - 에이전트가 이동 방향 앞으로 거리 5
  - 에이전트가 블록놓기 뒤로
- 반복(repeat): 4 회
  실행
  - 에이전트가 2 슬롯을 활성화
  - 에이전트가 블록놓기 뒤로

1단원 04. 에이전트와 집짓기

다음 채팅명령어를 입력하면: "성벽" ⊕

- 반복(repeat): 4 회
  실행
  - 반복(repeat): 8 회
    실행
    - 에이전트가 이동 방향 up 거리 1
    - 에이전트가 블록놓기 down
  - 에이전트가 이동 방향 up 거리 1
  - 반복(repeat): 1 회
    실행
    - 에이전트가 이동 방향 up 거리 1
    - 에이전트가 블록놓기 down
  - 에이전트가 이동 방향 앞으로 거리 1
  - 에이전트가 이동 방향 down 거리 11
  - 반복(repeat): 10 회
    실행
    - 에이전트가 이동 방향 up 거리 1
    - 에이전트가 블록놓기 down
  - 에이전트가 이동 방향 앞으로 거리 1
  - 에이전트가 이동 방향 down 거리 11
  - 반복(repeat): 8 회
    실행
    - 에이전트가 이동 방향 up 거리 1
    - 에이전트가 블록놓기 down
  - 에이전트가 이동 방향 앞으로 거리 1
  - 에이전트가 이동 방향 down 거리 11
  - 반복(repeat): 10 회
    실행
    - 에이전트가 이동 방향 up 거리 1
    - 에이전트가 블록놓기 down
  - 에이전트가 이동 방향 앞으로 거리 1
  - 에이전트가 이동 방향 down 거리 11
- 에이전트가 이동 방향 up 거리 6
- 반복(repeat): 4 회
  실행
  - 에이전트가 블록 파괴 뒤로
  - 에이전트가 이동 방향 down 거리 1
- 에이전트가 이동 방향 down 거리 3

2단원 01. 에이전트와 미로 탈출하기

```
무한반복 실행
    만약(if) 반대로(not) <에이전트가 블록 탐지: 종류 [블록▼] 방향 [오른쪽▼]> 이면(then) 실행
        에이전트가 회전 [오른쪽▼]
        에이전트가 이동 방향 [앞으로▼] 거리 (1)
        에이전트가 블록 파괴 [down▼]
        에이전트가 블록놓기 [down▼]
    아니면(else) 실행
        만약(if) 반대로(not) <에이전트가 블록 탐지: 종류 [블록▼] 방향 [앞으로▼]> 이면(then) 실행
            에이전트가 이동 방향 [앞으로▼] 거리 (1)
            에이전트가 블록 파괴 [down▼]
            에이전트가 블록놓기 [down▼]
        아니면(else) 실행
            에이전트가 회전 [왼쪽▼]
```

2단원 | 02. 에이전트와 농장 가꾸기

다음 채팅명령어를 입력하면: "수확" ⊕
- 반복(repeat): 2 회 실행
  - 반복(repeat): 8 회 실행
    - 에이전트가 블록 파괴 앞으로▼
    - 에이전트가 블록 파괴 왼쪽▼
    - 에이전트가 블록 파괴 오른쪽▼
    - 에이전트가 모든 블록 수집하기
    - 에이전트가 이동 방향 앞으로▼ 거리 1
  - 에이전트가 회전 왼쪽▼
  - 에이전트가 회전 왼쪽▼
- 에이전트가 앞으로▼ 에 모든 아이템 버리기

3단원 | 01. 서바이벌 모드에서 살아남기

다음 채팅명령어를 입력하면: "탐지" 입력값 ⊕
  채팅창에 말하기: "탐지중..."
  이동할 층 ▾ 에 0 저장
  층 ▾ 에 입력값 ▾ 저장
  반복횟수 ▾ 에 입력값 ▾ 저장
  반복(repeat): 반복횟수 ▾ 회
  실행
    만약(if) 블록 탐지: 🟦 위치 ~0 ~층 곱하기(×)▾ -1 ~0 이면(then) 실행
      채팅창에 말하기: 연결한 문자열: "지하" 층 ▾ "층에서 석탄 발견!" ⊖ ⊕
      이동할 층 ▾ 에 층 ▾ 저장
    ⊕
    층 ▾ 값 -1 증가
  채팅창에 말하기: "탐지끝"
  채팅창에 말하기: "마지막으로 발견된 곳으로 이동합니다."
  다음 좌표로 텔레포트: ~0 ~ -1 곱하기(×)▾ 이동할 층 ▾ 더하기(+)▾ 1 ~0
  블록 채우기: 🟢 ▾
  시작 ~1 ~0 ~1
  끝 ~-1 이동할 층 ▾ ~-1
  교체하기 ▾

3단원 02. 미니 게임 만들기

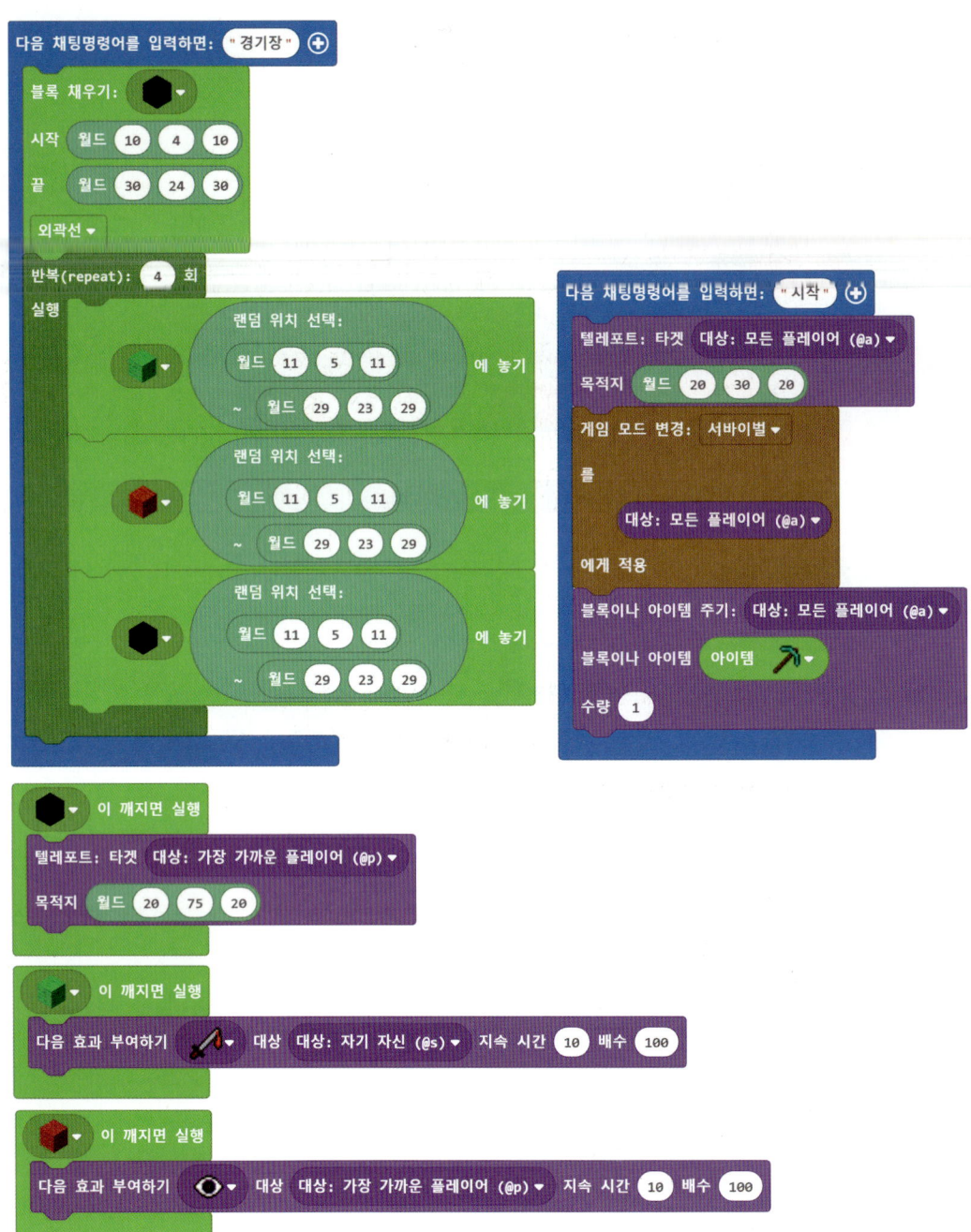